夫婦で達成した、
初の日本一周航海

ヨット・アストロ物語

岡 敬三

はじめに

まだ、日本は貧しかった。

貧しかったかもしれないが、人びとの表情は明るかった。それはきっと誰もが明日を信じて生活していたからに違いない。辺境の小さな漁村にも子どもたちの遊ぶ声が終日響いていた。

皇太子（現天皇）ご成婚の馬車パレードの中継がきっかけになって、小さな白黒テレビが一般家庭に買われ始めたが、カローラやサニーは登場しておらず、マイカー時代にはまだ間がある昭和三〇年代のことである。

そんな時代に、定年を迎える神田壱雄《かずお》と若い妻真佐子が、日本列島を隅々まで小さなヨットで巡る夢を抱いた。マイカーも持てない時代に、小さくてもキャビン付きのヨットといえば贅沢の極みだったはずだ。しかし、二人は夢をふくらませてはいても、実はまだ本物のヨットを見たこともなかった。

それでも、壱雄が定年を迎えると、退職金をそっくり注《つ》ぎ込んでヨット〈アストロ〉を注文し、二人は日本列島巡りの航海に乗り出す。堀江謙一青年が太平洋横断の大冒険をやってのけて日本中を驚かせたのは、ヨット建造直前の出来事だった。

五年の歳月をかけて、沖縄から北海道までの日本一周航海を二人は達成し、それがヨットによる日本一周初記録になるのだが、本書はその航跡を妻の眼で辿った物語である。

定年後の夫婦のヨット旅行など当時は物珍しく、二人が本州一周航海に向けて出港する様子を、朝日新聞と読売新聞が大きな記事にした。そして行く先々で、テレビニュースになり、新聞も取り上げて、当時の人気番組〈私の秘密〉（ＮＨＫ）にも登場するなど、〈アストロ〉は世間に知られたヨットでもあった。しかし、半世紀もの時の移ろいのなかで、〈アストロ〉と神田夫妻の航海記録は埋もれ、忘れ去られていった。

港、港に寄港を繰り返す沿岸航海は、気楽な旅のようにみられがちだが、実は事故の危険度では大洋航海よりも沿岸航海の方がはるかに高い。海難事故のほとんどが座礁と衝突で占められているからで、〈アストロ〉は太平洋横断を優に超える距離を航海して、その間に何度も危険な場面に遭遇した。

現代はＧＰＳ（全地球測位システム、カーナビはこれを自動車用に応用したもの）が普及しており、夜でも濃霧の中でも現在地が正確にわかるが、夫婦のヨットには、コンパス（磁石）

と水深計、それに速度計しか付いていなかった。気象情報もラジオで天気予報を聞くぐらいしか方法がなく、現代の常識では計り知れない困難を伴っていた。

一九五〇～六〇年代は、女性の社会進出や発言権がまだつよく制約されていた時代でもあった。大学卒女性の就職率は低かったし、四年制よりも短大卒が幅をきかせていた。就職しても、結婚と同時に退職して専業主婦になる結婚退職が当然視されるなど、女性の社会進出は限られていた。ヨットに乗る女性も稀《まれ》だから、夫婦でヨット航海を続けるだけでニュースになったが、それでいて真佐子が取材を受けることは稀であった。

珍しがられはしても、女は添え物でヨットを動かすのは男だと見られたからである。しかし実際には、二人がそれぞれ役目を分担しなければ航海は進まない。情報もない知らない海へ、不自由な帆船で日々乗り出すには勇気と旺盛な好奇心が求められるが、壱雄が不安に駆られて逡巡すると、真佐子がどんと背中を押して海にでていった。

ヨットは行く先々の港で、海に生きる人たちから温かく迎えられ、航海を重ねるにつれて、真佐子は人の縁の奥深さに魅せられていくのである。

目次

はじめに
第一章　「天の灯台」の少女
一九五七年、大阪……12
定年、これからがぼくの人生なんだ……25
ヨット〈アストロ〉誕生……32
第二章　海に生きる人びと――四国一周
瀬戸内海……45
漁村は子どもがあふれている……55

第三章　試練の海——本州一周の旅1
日本一周へ……69
試練が続く……80
時の人……90
津軽海峡……104
第四章　波のまにまに——本州一周の旅2　日本海
星の観望会は大盛況……115
強運の船……126
故郷に錦を飾る日……135
第五章　苦い海——沖縄往復
すきま風……145
夜間航海……157
苦い海……166

生涯の恩師……181

第六章　ヨット、最果てを走る——北海道一周
あいまいな日本の記録……189
日本最北端へ……196
海霧の季節……211
旅の終わり……226

あとがき

第一章　「天の灯台」の少女

自分たちのヨット<アストロ>で、
真佐子と壱雄の二人

一九五七年、大阪

三三時間勤務の病院勤め

長い勤務がやっと終わって、通用口から病院を出た。

もう日は西に傾いているけれど、大阪の夏は空気まで湿気と熱で重苦しく淀んだままだ。上野真佐子は独身で、二九歳になる市立川西病院（現兵庫県・川西市民病院）の助産師である。

一九五七（昭和三二）年夏、朝八時過ぎに病院に出勤して、夕方まで外来患者の応対を続けたが、そこへ産気づいた妊婦があわただしく担ぎ込まれたのでそのまま出産準備に追われた。初産の人は出産が遅れがちになることが多く、夜明け近くになって無事に赤ちゃんが生まれた。真佐子は詰め所で三時間足らず横になっただけで、今朝の外来患者の診察に立ち会い、定時の午後五時にやっと解放された。

市立病院とはいうものの小さな病院で、産科には医師と助産師が一人ずつ、あとは准看護師しかおらず交代要員もいないから、出産があるとこんな勤務になってしまう。定時に帰宅しても夜のお産が始まると病院に呼び戻された。真佐子の家に電話はないので、向かいにある関西電力の事務所に病院から電話がきて取り次がれた。

そんな呼び出し電話がしょっちゅうあっても、お向かいの関電事務所住み込みの夫婦は嫌な顔をせず、朝でも夜でも「電話ですよ」と言って呼びに来てくれた。深夜のお産ではさすがに呼び出し電話というわけにいかず、呼び出された産科の医師が小さな車、日野ルノーで来て、真佐子をたたき起こしてから二人で病院へ走った。

ひどい勤務環境だったが、医師も一人だから真佐子と同じように二四時間待機の毎日だ。それでも、妊婦を放っておけないという気持ちが強かったからだろうか、それがおかしいとも思わず毎日仕事に取り組んだ。そんな時代だった。

福知山線川西池田から大阪・梅田にでて、阪急に乗り換えて淡路まで四〇分ほどで帰宅できた。疲れ切って家に着くと、親友の荒木美智子から葉書が届いていた。二日間締め切ったままの部屋の窓を開けて、外気を呼び込んでから、暗くなり始めた部屋の窓際で葉書に目を通した。

書き慣れた達筆で、週末に時間があれば会いたいとしたためられている。同じ大阪の空の下に暮らしながら、上野真佐子は荒木美智子としばらく会っていない。二人とも仕事に忙しく生活に追われ続けて友だちを想うゆとりも持てなかった。一枚五円の葉書に真佐子も返事を書いた。筆まめな真佐子はいつも葉書を一〇枚ほど机の隅に用意しているのである。美智子の自宅にも電話はないから、日常のやりとりはいつも葉書を使っていた。

プラネタリウム

「もはや戦後ではない」という言葉が流行《はや》っていたが、戦後のどさくさ時代の一〇年を真佐子も美智子も、一人で生計を立ててくぐり抜けてきた。

日曜日の昼、梅田で落ち合った二人は、阪急百貨店の売り場から売り場へウィンドウ・ショッピングをしながら、おしゃべりに余念がない。歩き疲れて、お昼を過ぎて少し空いてきた大

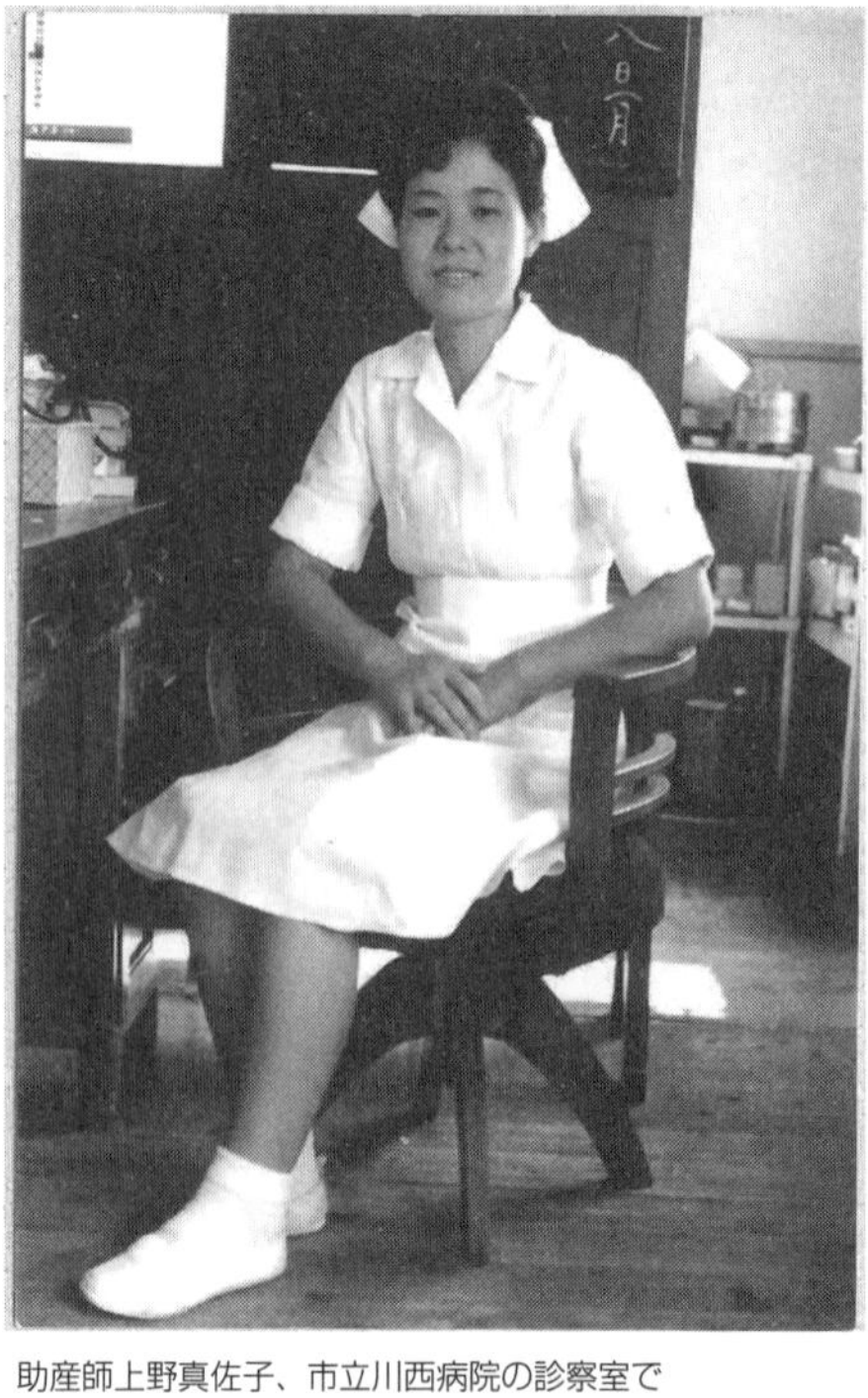

助産師上野真佐子、市立川西病院の診察室で

食堂に腰を落ち着けた。話し疲れ、お腹もくちくなったところでどちらからともなく、久々に四ツ橋の大阪市立電気科学館（現大阪市立科学館、中之島）でプラネタリウムを観ようかと次の行き先が浮かんだ。

梅田から四ツ橋まで歩きプラネタリウムを観た。久しぶりだった。終わると美智子が解説台のもとにつかつかと歩み寄って懐かしい機械に触れながら、解説員に質問を始めた。今日の解説員は小柄な年配の人だった。次々に質問を繰り出す美智子に面倒がる顔もみせず、解説員は丁寧に説明してくれた。

二人のやりとりを真佐子はすこし離れて立って、黙って耳を傾けた。そのやりとりが一段落してから、美智子は女子大非常勤講師の名刺を差し出し、解説員も美智子に名刺を渡した。名刺には「学芸員、プラネタリウム解説員　神田壱雄《かずお》」と記されていた。

真佐子は解説員と言葉を交わすこともなく名刺ももらわず、そのまま別れた。真佐子と神田壱雄が言葉を交わすにはまだ一年待たねばならない。

家族が消えていく

上野真佐子は中澤家で生まれた。一九二八（昭和三）年七月一八日、中国・青島《チンタオ》で、父・中澤晋作と母・満恵の二番目の子として誕生した。兄・準一とは年子だった。二年後には弟・山二《さんじ》も生まれ、母・満恵は四年足らずで三人の子どもを抱えることになった。

青島はドイツの元租借地《そしやくち》である。一九世紀、体力が弱っていた清国にアヘン戦争を仕掛けた英国が香港を奪って租借地にして以来、欧米各国は競って中国に無理難題を押しつけては租借地を広げていった。列強の中で出遅れたドイツがやっと手に入れた租借地が青島である。有名な青島ビールは、ドイツが租借地青島にドイツ流のビール醸造所を開き、その伝統と技術が今日まで伝えられているものだ。

一九一四（大正三）年、第一次大戦が勃発すると、日英同盟を結んでいた日本は連合国側について参戦した。主戦場のヨーロッパから離れた中国のドイツ租借地青島を日本軍が攻略し、戦争終結と同時に青島一帯に勢力を伸ばし領事館も開設した。父・晋作は現地採用で日本領事付の通訳官を務め、一家は何ひとつ不自由ない恵まれた生活をおくっていた。

ところが、真佐子が五歳になったとき、一家は青島を離れて内地に引き揚げ、大阪の池田に住むことになった。三度も続いたお産が重い負担になったと思われるが、帰国を待っていたかのように母・満恵の肺結核が暴れ出した。この時代、肺結核は死の病である。この内地引き揚げを境に一家の暗転が、音を立てて迫ってきた。

青島から引き揚げた年、麻疹《はしか》を患った弟・山二が肺炎を併発して亡くなった。あっという間のことだった。

母の嘆きはどれほどだったろうかと、後年になって真佐子は思い返したが、母は子を亡くした嘆き以上に自分を責めた。病魔に追われ始めていたために、母は山二に手を尽くせなかった。実際にはそうでなかったかもしれないが、母はそう思い詰めて自分を責めた。そして、その悲嘆がさらに母・満恵の病を深化させた。

翌年、母も他界してしまった。真佐子が六歳になってすぐの秋のはじめである。

真佐子の記憶に残っている三歳頃から五歳か六歳までの二～三年間はいつも家の中がにぎやかで、母はやさしかった。あれから八〇年たったいま振り返っても、あの頃だけが明るくて、家族が集まっているたったひとつの家庭の光景だったと真佐子は思う。

悲しい時、淋しくなった時、いつもあの頃の家の中を思い出しては自分を慰めてきた。

母が亡くなって間もなく、父に連れられて大阪・淡路の叔母の家にでかけた。父の従姉妹にあたる上野ふさをの助産所を兼ねた自宅である。父が、ちょっと出てくると言って叔母の家から帰ろうとしたとき、真佐子は大声で泣きつき、「置いていかないで」と叫び続けた。ちょっと近くに買い物に行っただけだからと、叔母が取り繕ったが、幼い自分でもそうじゃないともうわかっていた。

その晩、叔母の家で泣き、叫び、叫び疲れて寝てしまった。

夜明け前、目が覚めて布団の中で声を震わせながら、また泣き続けた。次の日も終日声を抑えながら泣き続け、その強情さにうろたえて叔母は当たり散らした。

上野ふさをは助産師だけれど、子どもと生活をしたことのない生涯独身の苦労人でもあった。仕事をこなしながら相次いで倒れた両親の介護に追いまくられ、そして両親が亡くなってほっと一息ついたとき、ふさをは婚期から遠ざかっていたという。

一歳上の準一は父の郷里、兵庫県篠山《ささやま》の懇意にしていた菩提寺、龍造寺の住職夫妻の元に預けられた。

内地引き揚げからわずか一年で家族は消えてしまい、真佐子は上野真佐子と名も変えられて、叔母を「お母さん」と呼ぶよう厳しく命じられ助産所での生活が始まった。

女四人所帯

上野助産所は女三人が住む二軒長屋だった。

長屋といっても、同じ造りの二軒が間仕切り壁で仕切られ、左右対称に建っている二戸住宅で、このような建物は戦前には数多くみられた。長屋はふさをの持ち物で、一軒を貸し、あとの一軒で自宅を兼ねて助産所にしていたのである。

家には助手の助産師お花ちゃんと家事を任せた中年の賄い婦《まかなふ》が住み込みで同居していた。それぞれ血縁関係もなく、思惑も違う独り身の女性三人がいるところに、幼い真佐子が加わって女四人の所帯になった。

養母ふさをは、何でも命令口調でがみがみ怒鳴る人だったが、真佐子を一番おびえさせたのは四〇代後半の賄い婦だった。

炊事、洗濯、掃除、そして日々の買い物など家事全般を任せられていたが、幼い真佐子の世話も賄い婦に任された。女はふさをからも助手からも蔑《さげす》まれる日々だったところへ余計なお荷物まで押しつけられたから、鬱憤《うっぷん》のはけ口を真佐子に見いだすのに何日もかからなかった。

「あんたは、湧いて出てきたウジ虫だ」

賄い婦にいきなり六歳の真佐子が投げつけられた言葉だった。

ささいなことで真佐子を怒鳴りつけ、真佐子が強情で聞き分けがなく今日はなにをしたと、あることもないことも養母に告げ口をする。そして、ふさをはその片言隻句《へんげんせっく》を耳にしただけで、カッとなって真佐子をなじり叱る、そんな日々が繰り返された。

ふさをからは毎日、しつこく「お母さん」と呼べと叱られた。いやいやながら小声で「おかあさん」と口にするたびに、亡くなった母に対して悪いことをしているような気持ちが拭《ぬぐ》えなくて、真佐子は母、満恵のやさしさを思い起こして、夜、泣いて自分を慰めた。

こんな家で養われたから、粗暴な子どもに育ったかといえばまったく逆で、幼いながらに真佐子は〝心の会話〟で自分の道をみつけようとする思慮深い子になり始めた。


　小学三年生のころ、真佐子は自分の気持ちを日記に書いて慰めることを覚え、日記と話し、日記と慰め合うのが楽しみになった。そして、夜空の星を眺めては空想にふけった。

　慎重に隠していた日記がある日、賄い婦に見つかってしまい、夜中、養母に布団から引きずり起こされて、思いっきりひっぱたかれ、

「こんな恩知らずは、もううちには置いておけない。出て行け」

　養母が泣きながら、日記をバリバリ裂き、日記を書くことを禁じられてしまった。

　ふさをは、日記に綿々と綴られている亡き母への想いを目の前に突きつけられて動転した。亡き母、満恵への底知れぬ嫉妬が子どもへの怒りになって爆発したのだった。夜中にひっぱたかれながらもう一人の自分が、

「日記を読んだのなら、ほんとうの私の気持ちだって知ったはずなのだから、少しはわかってくれていいのに」

　震えながらそう思った。この家では小学生の真佐子がいちばん冷静だった。

落語の『長屋の花見』は、貧乏長屋の店子を大家が連れて、人並みに賑やかに上野の山で花見を楽しむ話だが、持参する一升瓶三本の中身は番茶を煮出して水で薄めたもの、玉子焼きのかわりにたくあん、かまぼこは月形のこうこで代用する。そこで繰り広げられる馬鹿馬鹿しいやりとりが笑いを誘うが、その陰には貧しいなかでも季節の風情を楽しもうとする哀楽の綾が織りなされているのがわかるから、笑いのあとにしんみりした余韻を感じるのである。

ふさをの家には季節を楽しんだり、ちょっとした人生の機微を察してお互いに支えあうような情緒がすっぽり抜け落ちており、野卑でがさつさばかりが目立った。

が、ふさをは自分流にできるだけのことを真佐子にしようと努めていたし、その自負も持っていた。小学四年生のとき、真佐子は肋膜炎を患い、八カ月も学校を休んで家で過ごす羽目になったが、ふさをは優しい言葉をかける心のゆとりは持ち合わせなかったものの、この子には栄養が必要だからと言って、近くの仕出し屋から一日おきにお刺身を届けさせた。

また、八カ月も休んで五年生に進級できるか留年させるかを担任教諭と相談したときも、進級できるよう頼み込み、その条件として他校の教諭に家庭教師として家に通ってもらい遅れをださないことを約束した。そして、真佐子が高等女学校に入学するまでけっして手を抜かなかった。

『天の灯台』の友だち

真佐子は一九四一（昭和一六）年、大阪成蹊高等女学校（現大阪成蹊女子高等学校）に進んだ。一二月には太平洋戦争に突入する年で、物資の統制など町も生活も戦時色に染まっていた。学校は自宅のある淡路から阪急京都線で二駅先の相川にあったから、通学には便利だった。

入学して間もないころ、国語の時間に女性教師から、

「この人はぐんと奥深くまで考えを進められる人です」

みんなの前で作文を手放しで褒められた。クラスの中であまり目立たず、いつも人の目を気にしておどおどしているような印象だったから誰もが驚いた。そして、真佐子に声をかけてくれる友だちが一人、また一人と増えてきた。

真佐子は九〇歳に近づいたいまでも、そのときの教室内の光景、先生の表情、そして先生の一語一語をしっかり胸にしまっている。

家では、いじけて、かわいげもない強情な子だと、大人からひどい言葉を浴びせられる真佐子が、初めて自分の人格と能力を大勢の前で認めてもらった言葉だった。教師のひとことが、自分もちゃんとした人間になれるかもしれないと真佐子に呼びかけてくれた。

学校は楽しかったが、やがて教師も次々に戦地に送られ、教師が足りなくて授業はどんどん減っていった。そんな授業に穴のあいた時間は、校庭の草引きをさせられてつぶした。

おしゃべりしながらしゃがんで作業をしていると、一人が「星を見るのが大好き」と言った。するともう一人が「わたしもよ」と答え、五～六人の間で話が進み、『天の灯台』と名付けた同人誌を作る仲良しグループが誕生することになった。中心になったのが秀才の荒木美智子で、真佐子もこのグループに加わった。

雑誌といっても、ざら紙のノートの表紙に『天の灯台』と大きく書いて、鉛筆で毎週順番に一人ずつ何かを書いて、回し読みをする回覧ノートだ。

宝塚歌劇にあやかったわけでもなかったが、全員が星にちなんだペンネームを持って、お互いをペンネームで呼び合った。リーダーの荒木美智子は星川澄子、真佐子は天河琴美を名乗った。遊びなどろくにないと思われる時代だったが、少女たちは夜空の星に夢を語りかけたり、些細なことの中に友だちとの交感を見つけだす工夫をする術《すべ》を備えていた。

真佐子と星空との長いつきあいがこうして始まった。

大阪の中心部から一〇分ほどの自宅でも、夜空いっぱいの星のまたたきを見ることができた。戦況が厳しくなるにつれて工場から立ち上る煙も少なくなって、空はさらに高く、深く広がっていった。真佐子は本など一冊も買ってもらったことがなかったので、友だちが持っていた

『四季の星座』（山本一清著）を借りて、ノートに鉛筆で書き写し、挿絵も描き込んで愛読した。

やがて、授業はすっかりなくなり、毎朝学校から隊列を組んで一時間も歩き、大阪金属工業（現ダイキン工業）の飛行機組立工場に通う日々になった。勤労奉仕である。そこでは陸軍双発戦闘機の機体の鋲《びょう》打ちなどをやらされた。女学生の稚拙なリベット作業で飛行中に外板が外れる事故もあったという。

そんな日常の中でも、『天の灯台』グループの少女たちは勤労奉仕帰りに四ツ橋にある電気科学館に毎月のように通ってプラネタリウムを観た。一九三七（昭和一二）年、東洋初の最新式プラネタリウムが完成し、電気館が電気科学館と呼び名も変えていた。電気科学館は何度も襲われた大阪空襲でも奇跡的に被弾せず、戦後もそのまま存続した。そして一九八九（平成一）年中之島に新築され、大阪市立科学館に名称も改められた。

真佐子たちは敗戦直前の一九四五年春、修学年限を一年繰り上げて卒業させられた。

定年、これからがぼくの人生なんだ

星空観測会

　また夏がやってきた。一九五八（昭和三三）年八月、真佐子は新しく購入した天体望遠鏡の調整がうまくできないので、荒木美智子が一年前にもらった名刺を頼りに、二人で四ツ橋の電気科学館を訪ねた。

　解説員の神田壱雄は、仕事の合間に望遠鏡の調整法を丁寧に説明してくれるが、肝心の真佐子がなかなか要領をのみこめない。神田は真佐子の自宅が梅田から一〇分の淡路と知って、真佐子の自宅へきて調整してくれることになった。

　真佐子は年配の人とはいえ男性を自宅に呼ぶのに迷って、荒木のほかに病院の看護師も誘って五人で星空観測会をすることになった。夏のよく晴れた宵の口、若い女性に囲まれて解説員の神田壱雄はお手のものの星空の解説を行った。

　真佐子が用意した夕食をみんなで囲んだとき、真佐子が東亜天文学会の会員だと知って壱雄は喜んだ。東亜天文学会は日本最古の天文同好会だが、京大花山天文台が創立母体の専門家と愛好家が交流する団体で、神田はこれの編暦責任者だった。編暦は陰暦の月齢などを毎年計算して編纂する作業である。コンピューターのなかった時代では、すべて手計算でこなした。そして、真佐子が、兄一人が東京にいる他は身寄りのない一人暮らしと知った。養母ふさをは、数年前に持病の糖尿病が悪化して亡くなっていたのである。

夢を語る

　また一年が過ぎ、夏がやってきたとき壱雄から届いた一枚の葉書に吸い寄せられるように、真佐子は一人で電気科学館に行き壱雄と再会した。そして二人の交際が始まった。真佐子三一歳、壱雄五一歳の時であった。

　ある日、壱雄がヨットのことを話し始めた。話すうちに、壱雄は自分の言葉に興奮して熱が入った。壱雄が密かに抱いてきたヨットへのあこがれを、人に漏らすのはそれが初めてだった。

　その日以来、会えば壱雄は真佐子にヨットへのあこがれとヨットがどんなにすばらしいかを説き続ける。

「ヨット？」

真佐子はヨットなど見たこともないし、そんなぜいたくな遊びなんて想像したことすらない。なにか遠い夢物語のような話を面白く聴いていた。

壱雄に、「ヨットに乗ったことがあるの？」と尋ねると、実は、壱雄も実物のヨットはまだ見たことも乗ったこともないことがわかった。けれど、ヨットに関係のある本は読んでいると壱雄は胸を張った。

不遇の人生を歩む

神田壱雄は一九四四（昭和一九）年、大阪四ツ橋の電気科学館に勤め始めた。天文学を独学で学び、東亜天文学会関西支部の例会に毎月欠かさず参加する熱心な会員だった。

電気科学館のプラネタリウムは戦時中も休まず公開していたが、やがてプラネタリウム解説員も戦地に召集されて人手不足が深刻になった。そんな折、川崎車両で蒸気機関車の設計部にいた壱雄に、いっそ電気科学館に移籍したらどうかと東亜天文学会で奨められ、移ることになった。壱雄は徴兵検査で丙種合格、つまり戦地に召集されることのない身だった。

壱雄は一九〇八（明治四一）年、兵庫県城崎《きのさき》郡竹野町（現豊岡市）に生まれた。竹野は山陰本線の城崎温泉の隣町で、城崎からトンネルを抜けて日本海にでたところにある小さな港町である。壱雄の家は江戸時代から廻船問屋を営む、町の素封家で北前船を二隻所有したが、壱雄の祖父の代、明治三〇年頃に廻船問屋をたたんだらしい。壱雄の父が財産を食いつぶしてしまい、壱雄は豊岡中学で一年学んだだけで中退させられ一家は神戸に移った。

神戸に移ってから川崎車両に勤めるまで、どこでなにをしていたか、壱雄は真佐子にけっして話さなかった。よほど辛かった十余年だったのだろうと気遣って、強いて青春時代について重ねて尋ねなかった。

大阪市立電気科学館に勤め始めた時は三六歳だったから、五五歳までの一九年間勤務することになった。戦後、博物館の学術専門職である学芸員制度ができた時、第一期生として学芸員資格もとった。しかし、学歴が何よりも幅をきかす市役所では、旧制中学中退で中途採用の神田が昇進できる条件はなにもなかった。定年までの一九年間をプラネタリウム解説員で過ごした。

帆船への夢ふたたび

辛く理不尽な仕打ちにあったとき、いつしか壱雄は黙ってやり過ごすようになっていった。

考えれば耐えられなくなるし、他人と衝突などできない控えめな人柄でもあった。しかし、プラネタリウム解説員の仕事は大好きだったし、なによりも子ども好きだった。修学旅行で西日本各地から毎日やってくる子どもたちはプラネタリウムに驚き、感嘆して喜んだ。子どもに宇宙の神秘を伝えるのはやりがいがあった。

四〇代半ばにさしかかるころ、壱雄は夢をもう一度描いて心を満たす楽しみを覚えた。一人で帆船を操って海にでていく、そして水平線の彼方まで走っていくその先には、見たことはないがいつも北海道の海が現れた。世間の仕打ちも束縛も、なにもかも捨てて自由になって乗りこえていく自分だけの世界は海であり、一人で操る帆船はヨットの姿だった。幼いころ、北前船の話を祖父から聞くのが大好きだった。郷里・竹野は江戸末期から明治時代には北前船主が多く廻船業で賑わった港で、五〇艘《そう》以上もの廻船があったという。

「とにかく真面目で、心のきれいな人でした」

ヨットの話に夢中になる壱雄を振り返って、真佐子はいまもそう思う。病院は女性の職場であり、その中で産婦人科は患者も既婚女性ばかりで真佐子の周りに男性の影は薄かった。

「結婚の条件としてこれほど悪い人はないと思うほど、悪条件が揃っていました。定年をひかえた年齢、お金がない、学歴がない、背が低い、年老いた両親がいる……」

会えば定年後のヨット旅行のことばかりで、どれほど定年を待ち望んでいる人かとあきれるほどだった。そんな話を繰り返し、繰り返し聞くうちに、少しずつ壱雄のことがわかってきた。

「この社会に定年というものがあって、この人は本当に救われるのだと思いました。現実の世の中がどれほど住みにくかったか、屈辱と羨望と、そして運命の不条理にがんじがらめにされてきたんだなあって感じました。それをけっして口にすることはありませんでしたが、口惜しくて仕方なかったのです。でも暗さを感じさせない人でした」

五五歳の定年まであと三年たらず、壱雄がぽつんと言った。

「ヨットに乗ってこれからが、僕の本当の人生なんだ」

この言葉を聞いて真佐子は結婚しようと決めた。同情なんかじゃない、そんなきれいごとで悪条件をぜんぶ背負い込んだ壱雄と結婚するほど流されたわけでもない……、そう思ったが、真佐子は男に対する免疫をまったく持っていなかった。もし両親がいたらこの結婚話にブレーキをかけただろうし、養母の上野ふさをが健在なら猛反対していたに違いない。ちょっと待てといわれても、それは大人の打算だと真佐子は反発するだろうけれど、肉親の分別という抑えが働いたはずである。

家の事情で学歴がないにしても市役所の学芸員で、誠実できれいな心をもちながら、五〇過ぎまで結婚しなかった事情が何だったかくらいは確かめないと親は納得しないものだ。そして、その事情がなにも話さない神戸に移ってからの十余年と深く関係していないか、そんな心配を抱く、それが肉親というものだろう。

家族を渇望しながら、真佐子は家族のしがらみがない気ままさにどっぷり浸かっている自分には気づかない。そして走り始めた。

ヨットと一緒に自分にも新しい世界が広がってくる、そんな思いが真佐子の中で発酵していた。

壱雄は何も話さないが、自分と同じかあるいはもっとつらい青春を背負ってきたかもしれなかった。それなのに、少しもその暗さを人に感じさせず、壱雄の現実生活とこの世で一番遠いところにあるはずのヨットにひたすら夢を描いている。

それがまぶしいほど輝いて見えた。

六歳で養女にもらわれてからというもの、不満や悲しみはいくらはき捨てても捨てきれないほどに心を埋め尽くしたが、自分は一度でも将来の夢を真剣に思い描いたことがあっただろうか、初めてそのことに気づかされた。

「泥沼の中から、こんなすばらしい夢を描く人なら、悪条件なんか私はどうでもいい」

一九六一（昭和三六）年、二人は結婚した。

ヨット〈アストロ〉誕生

ヨットが集う的形を訪問

一九六二（昭和三七）年九月一日、壱雄と真佐子は姫路市郊外、的形《まとがた》港に奥村ボートを訪ねた。奥村ボートは関西を代表するヨット・ビルダー（造船所）である。

前年六月に結婚して一年余、自分たちのヨットに向けた初めての動きだった。

結婚生活が始まると、あんなに熱心だったヨットへの夢を壱雄は口にしなくなった。本で知識を蓄え、想像の世界を厚くするのは楽しい。しかし、書斎から抜け出て現実の海に一歩漕ぎ出すのは、夢を追う一〇〇人のうち一人か二人に過ぎないだろう。若い妻と家庭が手に入ってみると、ヨットを持つ夢は急ぐことではなくなったのかもしれない。

一方、真佐子は、結婚は夢への第一歩だからそれでは困るとばかりに、屈託ない顔でいつヨットに乗れるのと何度も聞いてくる。こうして真佐子の若いエネルギーに押されて的形にやってきた。

応対に出た奥村の如才ない奥さんは、なにも知らない二人を見下すこともなく親切にヨットについて教えてくれた。二人はヨットがどうすれば手に入るかも知らなかった。ヨットの新艇を入手するには、まずヨットの設計を依頼し、設計図を元にヨット・ビルダーで建造しなければならない。レディメードのヨットが販売されるのは後年のことである。その点で、ヨットはマイカーの購入よりもマイホーム建築に近い仕組みである。ビルダーと呼ぶのもその性質からきている。奥村が日本を代表するヨット設計家・横山晃《あきら》を推薦してくれた。

初めてヨットに触れた

奥村ボートの岸壁に一隻のヨットが係留されていた。奥村は二人がまだヨットに触れたこともないと知り、係留している、その小さなヨットに乗せてくれた。

「先月太平洋を横断した〈マーメイド〉と同じ型のヨットですよ」

二人は驚いた。つい半月ほど前に堀江謙一が太平洋を渡った大ニュースを新聞で読んだばかりだ。それと同じ船に乗っている自分たちの巡り合わせに感激した。これが二年後に一人で大西洋、太平洋横断に旅立っていく鹿島郁夫の〈コラーサ〉だった。

緊張しながらキャビンに入れてもらったが、そこは描いていた夢とは似ても似つかない、狭くて暗い穴蔵のような船内だった。立つことすらできないから中腰で潜り込んだ途端、猛烈な熱気で身体中から汗が噴き出した。寝る場所は寝袋がやっとのばせる程度の暗い空間だった。エンジンもない。

これが横山晃設計のキングフィッシャー型一九フィートの第一号艇だ。堀江謙一の〈マーメイド〉は五号艇である。本当は堀江艇は四号艇だが〝四〟を嫌って五を名乗った。堀江が縁起を担いだわけでなく、彼は売却するとき売りやすくするために四を避けたのだという。堀江は細部まできっちり計画を立てる人である。

二人はショックを受けた。描いていた甘美なヨット旅行とはあまりにもかけはなれた、現実のヨットに怖じ気づいてしまった。けれど、こんなちっぽけな、窮屈で何もない船で堀江という人は一人で太平洋を渡ったのかと思うと、冒険家の執念のすさまじさに身震いするほどの畏敬も抱いた。

鹿島郁夫と堀江謙一

鹿島郁夫は不運の人である。

キングフィッシャーのオリジナルは鹿島が、大洋航海できる最小の船として横山に設計依頼したものだ。鹿島の船を知って堀江も横山の元に走り、同じ設計図を買い求めて〈マーメイド〉を建造したのである。

太平洋をヨットで、しかもシングルハンドの無寄港で渡る、まだ誰一人やったことのないこの大冒険をいつ、誰がやり遂げるのか。

堀江は、時間の勝負だと確信していた。そう遠くないある日、かならず誰かがやってのける、だから焦ってもいた。記録は最初の一人だけに与えられ、その後は何度やってももう記録ではない、その条理を彼は知り尽くしていた。

関西大学付属一高でヨットを覚えた堀江は、関大進学をきっぱり切り捨て定職にもつかず、ひたすら一直線に〈マーメイド〉建造に向けて突っ走った。一般人がパスポートを持てない時代に、どうすれば旅券とビザが入手できるか慎重に探り、そのために旅行代理店にも勤めた。そして道がないと理解するとパスポートがないまま密かに出国してでも、この大冒険に賭ける決意を固め、そして実行したのである。

鹿島は、その点で優柔不断だったと後日談としては言えるかもしれない。〈コラーサ〉で鹿島は大西洋と太平洋を続けて横断するが、一般社会に対してもう『太平洋ひとりぼっち』ほどのセンセーションを巻き起こすことはなかった。

ヨットの名は〈アストロ〉

壱雄と真佐子が的形を訪問したのは偶然とはいえ、日本のヨット界に新しい一条の光が差し込んだその瞬間、そんな時だった。

横山晃は、神田の話を聞いて二五フィート、木造ヨール型の純クルージング仕様のヨットをすすめ、知識がない神田は何一つ注文もつけずに設計を依頼した。設計料は二〇万円だった。ヨールとは二本マストのヨットで、後部の小型マスト（ミズン・マスト）の位置がラダー（舵）よりも後ろにあるものをいう。ラダーよりも前にマストを立てる型はケッチと呼ぶ。

二五フィートにしたのは、当時、贅沢品にかかる物品税四〇％を免れる限界がヨットの場合、二六フィートまでだったからである。

小さい船ながら前室にベッドがしつらえてあり、小柄な二人がキャビン内で立つこともできた。ヨールにしたのは、横山が非力な二人で操作できることを念頭に、マストを低くして安全性を高め、さらにセール面積も小さくできて前後二枚の組み合わせで、そこそこの帆走能力も確保するためだったと思う。

〈アストロ〉は名艇である。今日、建造から五〇年以上を経て健在であるのは、それだけヨットの素性がいいからである。風がよければ舵を離してもまっすぐ走ったと真佐子は話した。品質も良かったに違いない。奥村は、手入れさえよければ三〇年は保つと話したが、半世紀たってそれは十分に証明された。

ヨットには名前をつけなければならない。出会いがプラネタリウムで天文好きの二人だから、それに関わる名前を次々に挙げていった。真佐子は、星の名前の中から気に入っていた名前を、壱雄もまた天文にちなんだ名前をだしたがなかなかまとまらない。とうとう壱雄が断を下した。

「面倒だから、もうまとめて〈アストロ〉でいこう」

「そんな、乱暴な」

真佐子は一瞬そう思ったが、吹き出してしまった。いろんな星、それを全部まとめたら確かに〈アストロ〉（宇宙）になってしまう。これで決まった。

退職金を全部つぎ込む

奥村ボートを訪ねたとき、予算は二〇〇万円ぐらいしかないが、それでヨットが持てるかと訊いた。そして結果的に、横山への設計料も含め、ちょうど二〇〇万円近くを費やした。かなり高い買い物だったのではなかろうか。現在のヨットと違って航海機器などがなく、コンパス、速度計、水深計ぐらいだから、建造費の大半は木造の船体・内装・艤装《ぎそう》、それに小型エンジンに費やされた。

壱雄は、家が破産し苦労したことで父を快く思っていなかったが、金の始末では壱雄も父の素質を受け継いでいたというほかない。見積もり交渉の前に二〇〇万円と話してしまうばかりか、二〇〇万円の預金通帳をポンと渡して、必要な金は引き出して支払いに充ててくれと告げた。それは当座に不要な金でなく、退職金と壱雄が手元に持つ預金すべてだった。だからヨットができたとき、壱雄には金が残っていなかった。

真佐子はさすがに不安になった。この人はこれからどうやって食べていこうと思っているのだろうか。しかし、壱雄はけろりとして平気な顔をしている。

「この人は、私が働いて食べさせてくれると安心しきっているのだろうか」

ムッとしたが、それならそれで自分ががんばらなくてはとも思うが、ヨットを維持するのにどれぐらいの費用がかかるか真佐子には見当もつかない。それが不気味ではあった。

壱雄は長年、お金に困ってきたのではなかったか、それなのに退職金もなけなしの預金も、さらりとヨットの代金に払って平気な顔をしている。お金に苦労した人はお金に汚いと耳にしたことがあったが、そんなことはない。夫をみてちょっと誇らしくも感じたが、思えば自分だってお金が自由だったわけでもなかった。二人揃って気楽だなあと気づいてから、

「これでいいんだわ」

やっと、自分を納得させた。

初航海は金比羅詣り

一九六三年二月二五日、的形の海に〈アストロ〉が滑り降りて浮かんだ。北風が吹く寒い日だった。海で練習が始まるともうひとつの現実に気づかされた。壱雄はけっして船酔いをしないが、的形の沖合を走るだけでも真佐子はひどい船酔いに苦しみ始めた。練習が終わって大阪に帰る時、電車に乗っても酔うようになった。難題の登場である。

二週間が過ぎ、いよいよ帆走で航海することになった。

三月一二日、的形から高松まで一泊航海で金比羅《こんぴら》さんにお詣《まい》りする。昔も今も、瀬戸内の船が新造されると、まずは金比羅さんにお詣りして航海の安全をお祈りするのが習わしで、〈アストロ〉もその例に倣った。工場長の奥村力《つとむ》が案内役兼帆走指南役で乗り込んだ。

朝七時、春らしい穏やかな海へ〈アストロ〉は滑り出した。高松まではざっと四四マイル（海里、一マイル＝一、八五二m、以下マイルで表す）、約八二kmある。二五フィートの小型外洋ヨットだから、機帆走（エンジンも利用しながら帆走すること）で平均速度五ノットで走っても九時間はかかる。往復ともティラー（舵柄）は壱雄が受け持ち、力が指導しながらセール操作を担当した。

高松では力が船で留守番を引き受け、二人は琴平電鉄で駆け足で金刀比羅宮《ことひらぐう》に参詣し、〈アストロ〉の狭いキャビンで三人は寝た。日が暮れると雨模様になり寒い夜になった。

翌早暁、雨が東に去ると冬の季節風が吹きだした。力は遮二無二ヨットを走らせ、メインセールをたたんでジブセール（前帆）だけで走る。もう壱雄にかまっていられないほど風が強まってきた。突風を受けると、船は大きく傾き、風上に向かって一気に切り上がろうとする。力の怒声が壱雄に飛ぶ。

「あて舵をいれてっ」

壱雄は舵を切るコツがわからないから、風の強弱に応じて瞬間に舵をぐっと押したり引き込むあて舵のタイミングが取れず、遅れてしまう。そのつど船は蛇行を繰り返して大きく傾いた。初めてなのだからできなくて当然だが、そんなことをいってられないほど厳しい海況になっていた。そして真佐子はひどい船酔いにひたすら耐えた。日暮れ時になって無事に的形に〈アストロ〉は帰ってきた。

的形の海

真佐子は病院を退職し、二人でヨットを動かす練習に取り組んだ。的形には約二〇隻のヨットが集まっていた。これだけで関西の半分近いヨットになる、まだそんな時代で、日本に外洋ヨットは一五〇隻かそれを若干上回るぐらいの数しかなかったようだ。そして的形にはそうそうたるヨットマンが集まっていた。

太平洋を初横断する前の堀江もマーメイドをここに置いて練習したし（出港は西宮から）、彼の盟友だった林茂、先に触れた〈コラーサ〉の鹿島郁夫、後に単独太平洋往復する牛島龍介も〈サナトス〉を奥村ボートで建造した。他にも阪大ヨット部を八年がかりで卒業したという頴《え》川《がわ》三郎もいた。

林茂は四月になると黙って姿を消したが、実は、反時計回りで本州一周航海に愛艇〈コンパスローズⅡ〉で旅立ったのだ。これが本州一周の初記録になる。八月に戻ってきて、神田がまだろくにセーリングも知らないまま四国一周にでると耳にし、「大丈夫ですか」と気遣ったつもりで声をかけたところ、「待てば海路の日和あり、ぼくは晴れた日の順風だけでいきますから」。そんな机上イメージだけで航海できるわけがないが、林は黙って聞き流した。

外洋ヨットの団体である日本外洋帆走協会（以下NORC、現日本セーリング連盟）内海支部が毎年一度、五月連休に開くミーティングに〈アストロ〉も参加することになった。集合する小豆島内海湾《うつみわん》まで自分たちでは行けないから、顯川が阪大ヨット部の学生一人を同乗させ連れて行ってもらった。

そこには理論派としてすでに一目置かれていた、三〇歳過ぎの野本謙作も〈アストロ〉に少し遅れて進水したばかりの〈春一番〉で、試験航海を兼ねて駆けつけた。野本は後に阪大造船学科教授になるが、クルージングの第一人者として敬愛された。

〈アストロ〉は、七月には二人だけで小豆島一周航海に成功し少し自信を持った。そして徳島へ阿波踊り見物の航海にも挑戦した。小鳴門海峡を抜け徳島の新町川を遡航し、町の中心に近い川端に船を泊めた。いまはケンチョピアと呼ばれるヨットが数十隻も集まる街の真ん中にある泊地だが、そのころは一隻のヨットもまだいなかった。阿波踊りを八月三一日から四日間（当時は旧暦お盆に開催）楽しんだ。

第二章　海に生きる人びと（四国一周）

ひなびた漁港・中浦に入ると、子どもたちが押し寄せてきて大騒ぎ。終日、子どもの歓声が港に響いた

四国一周　1963年（昭和38）10月1日～12月1日

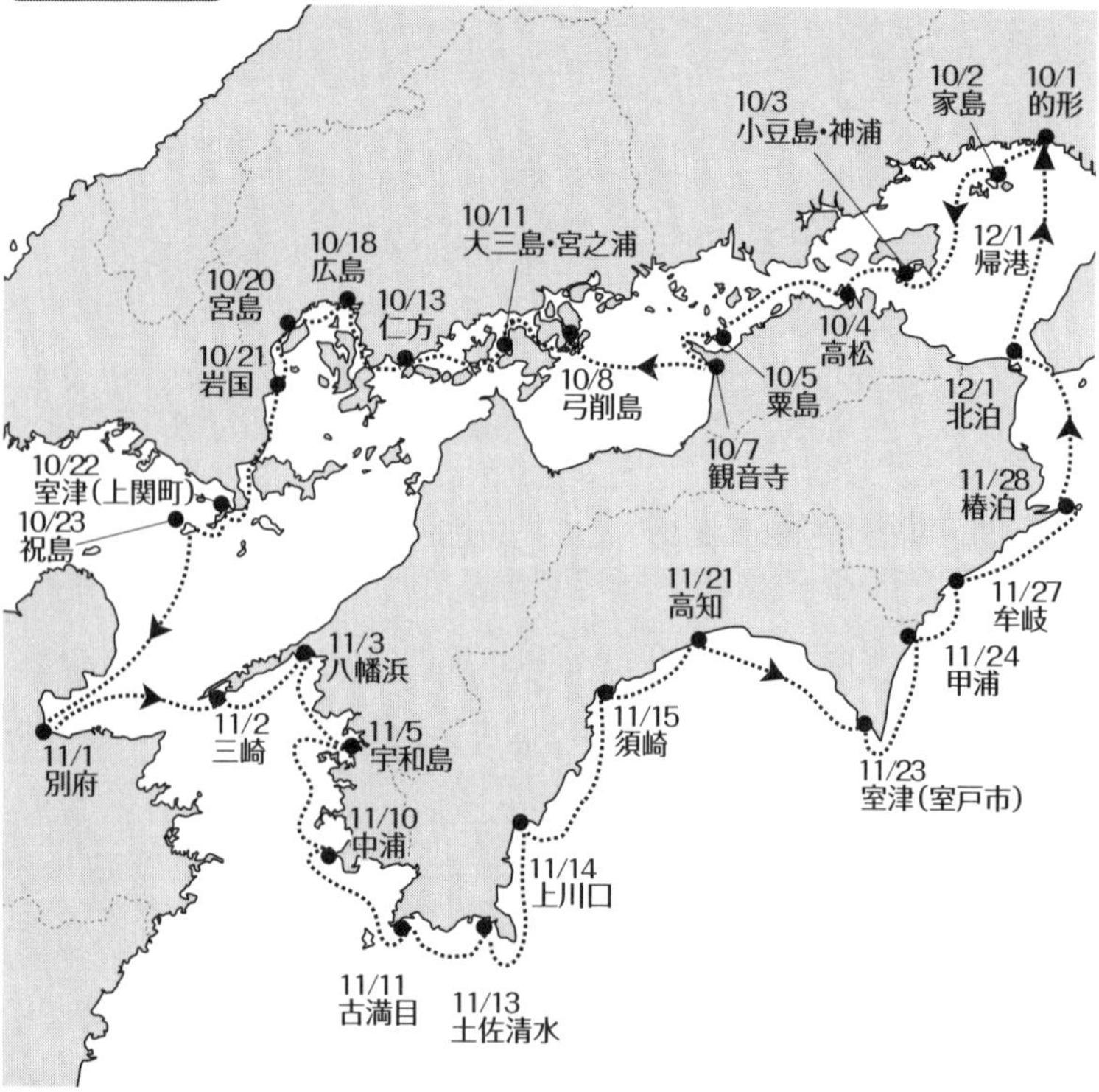

月	日	出港地	入港地	滞在日数
10	1	的形	家島	
	2	家島	小豆島・神浦	
	3	小豆島・神浦	高松	
	4	高松	粟島	
	5	粟島	観音寺	2泊
	7	観音寺	弓削島	
	8	弓削島	大三島・宮浦	3泊
	11	大三島・宮浦	仁方	2泊
	13	仁方	広島	5泊
	18	広島	宮島	2泊
	20	宮島	岩国	
	21	岩国	室津（上関町）	
	22	室津（上関町）	祝島	
	23	祝島	別府	9泊

月	日	出港地	入港地	滞在日数
11	1	別府	三崎	
	2	三崎	八幡浜	
	3	八幡浜	宇和島	2泊
	5	宇和島	中浦	4泊
	10	中浦	古満目	
	11	古満目	土佐清水	2泊
	13	土佐清水	上川口	
	14	上川口	須崎	
	15	須崎	高知	6泊
	21	高知	室津（室戸市）	2泊
	23	室津（室戸市）	甲浦	
	24	甲浦	牟岐	3泊
	27	牟岐	椿泊	
	28	椿泊	北泊	3泊
12	1	北泊	的形	

※滞在日数の記入なしは1泊、以下同様

瀬戸内海

さっそくエンジン不調

一九六三（昭和三八）年一〇月一日、四国一周に出帆する日だ。昨夜来の雨が朝になってもまだ降りやまず、出鼻をちょっとくじかれた思いで雨の港を所在なく眺めていた。

一一時を過ぎて、頴川がやってきて船に乗ると、あっという間に支度して出て行った。〈アストロ〉の脇を通り過ぎるとき、「今日は小豆島・琴塚まで」と声を投げかけて消えていった。

真佐子はこの二、三日、港でアサリを採っては佃煮をせっせと作った。それが真佐子にとって大旅行への意気込みを消化してくれる自分なりの準備だったたが、頴川の気軽さは二人に肩の力を抜きなさいと言っているようでもあった。

自分たちも出ようかと思い直しながら、なんとなくぐずぐずして、雨がやんだ午後になって出発した。

初日の目的港は姫路の沖合にある家島《いえじま》まで。まずは出て行くことだ。そうすれば気持ちも落ちつくだろう。日暮れ前の一七時四五分、家島に入港すると仕事にあぶれた機帆船が何隻も泊まっていた。

翌朝は、穏やかに晴れ上がった。高松まで進むことにしたが、小豆島の沖合でエンジンが息つきを始め、やがてプツリと止まってしまった。

何度エンジンのクランクを回してもすぐ止まってしまう。諦めて帆走で一番近い小豆島の神浦《こうのうら》をめざす。風上に向かって、何度もタック（風上への間切り帆走）を右に左に切り替えながら港に近づいていった。

初めての体験にしてはうまくやり遂げて、港内でもタックを繰り返し、湾の入り口から四五分もかかってやっと岸壁近くにアンカー（錨）を落とした。壱雄はアンカーをまず落とし、それから船尾に曳いているテンダー（伝馬船）に乗って岸壁までロープを持って行って舳先《へさき》の舫《もや》いを岸に取る、昔ながらの〝槍着け〟の係船をした。ずいぶん丁寧な、面倒なやり方だが安心できる方法でもある。

近くにいた漁師に事情を話すと、翌朝六時過ぎに数人でやってきて、がやがやにぎやかに調べてみると、燃料タンクのフィルターにゴミが詰まって燃料が流れないだけとわかって、すぐ直してくれた。漁師たちは二人がお礼をしようとしても、「困っているときはお互いなんだから」といって謝礼を受け取ろうとしなかった。

初めてトラブルを体験したが、前日の出港が実は遅すぎたことに二人はまだ気づいていない。家島港に入ったのは日没直前だったが、燃料フィルターの目詰まりがもし前日に起きていたら、あっというまに日が暮れて夜の海で途方にくれただろう。ベテランの頴川に連れられるように午後になって出航してしまったが、夜間航海の体験がない二人だった。

瀬戸の機帆船

修理が終わった〈アストロ〉は、男たちに見送られて再出発し、お昼には高松に着くことができた。このあと粟島《あわしま》、観音寺《かんのんじ》に立ち寄り、燧灘《ひうちなだ》を渡って弓削島《ゆげしま》へ。さらに生口島《いくちじま》、大三島《おおみしま》、広島、宮島と順調に足を延ばしていった。

ようやく航海に落ち着きが出てきたし、秋の好天も続いてくれた。この時代はこれらの島々にも銭湯があったから風呂には困らない。現在、瀬戸内海沿岸で銭湯を探すのは至難であり、ほとんど残っていない。

最初に泊まった家島港は機帆船で埋められていたが、どの港でも機帆船が数多く停泊していた。

観音寺もそのひとつで、入港して船を留められる場所を探していると、機帆船〈大神丸〉のおじさんが手招きしてロープを取って横着けさせてくれた。

「ようきた、ようきた」と迎えてくれて、それからドヤドヤとまわりの機帆船の人たちが〈アストロ〉に乗り移ってきて、キャビンを覗き込んだりして大騒ぎになった。入港後のこんな風景が、これから各地で繰り返されることになる。

ヨットそのものが珍しい時代だから、遠くを帆走するヨットを見かけることも滅多にないし、まして船の内部まで見物できるなどおじさんたちには貴重な体験だ。しかも、今日入ってきた小さなヨットは、灰色の綿ジャンパーに作業帽という、どこにでもいるような熟年の男が舵柄を持ち、夫婦二人で乗って自分たちとなにか気脈が通じるような気安さが感じられるヨットだ。

戦後の復興期から一九五〇年代、六〇年代を通じて日本経済の物流を担っていたのが、これら機帆船である。まだ長距離トラックによる物流は未発達だった。なにしろ道路がない。神田が姫路・的形に通った頃まで、阪神の大動脈である国道二号線（山陽道）ですら舗装されていたのは神戸の舞子・須磨あたりまでで、その先、明石や姫路へは狭くてひどいでこぼこ道が多かった。

筆者は四国松山・三津浜《みつはま》港で、沖合にある中島からやってきたミカン船といっしょに数日を過ごしたことがある。木造のずんぐりした乾舷（海面からデッキまでの高さ）の高い船で三五トンだった。操舵室や機関室、狭い居住区は後部にまとめられ、ブリッジの前に甲板がなく幅三〇cmほどの板をならべて覆いにしているだけ、胴の間は深く大きく開き、舷側までめいっぱい積み荷が入るようになっていた。昔の千石船とよく似た構造で、積載量は大型トラック一〇台分もありそうな貨物船だ。

これが機帆船だったのではと思い尋ねると、ミカン船の船長はその通りだとこまかく説明をしてくれた。前部にあったマストは取り外し、エンジンも〝焼き玉〟からディーゼルに換えられているがその外は昔のままだった。昭和三四年建造の銘板が刻まれていた。いまはミカンの出荷時に三～四カ月動くそうだ。

〈アストロ〉流の航海

大三島での三日間を辿ってみよう。

一〇月八日午後四時、宮浦《みやのうら》に入港し機帆船に横着けを頼んだ。この日が大山祇神社《おおやまづみじんじゃ》の秋祭りの宵宮とわかり、明日のお祭りを見るために滞在することにした。

ゆかたを着た女性、お正月のような着物に帯を結んだ子どもたち、大勢が出ていて、家々にもしめ飾りがつけられている。町の掲示板には、小遣いは一五〇円までとか、食べ過ぎないようにとか、子どもへの注意書きがでていた。かき氷の店に入るとそこがお風呂屋で一五円、とても混んでいた。そして夜、にぎやかなお囃子《はやし》に合わせた祭りの歌が船まで聞こえてくるなかで休んだ。

本宮の翌日は朝からひどい雨で、祭りをみられないまま狭い船の中で終日過ごした。真佐子は持参のレース編みの本をだして編み物を始め、壱雄は本を読む。真佐子の日記には、《私が寝室にいると、夫はキッチンにという具合に、狭い船内だから身体を十分伸ばすこともできないが、ラジオを聴きながら編み物に、読書に、ゆっくり数時間が流れる》

翌朝は快晴になったが、風の吹き出しの日なのでもう一日宮浦に泊まったままである。デッキのバケツに溜まった雨水でコクピットの掃除をし、そのあと漁協に飲料水をもらいに行く。「どうぞどうぞ」と気持ちよく洗濯もさせてもらった。五～六人の人が祭りの残り酒を朝から飲んでいて、風呂も沸いているから入りに来なさいと声をかけてくれた。

晴れた日の日課を終えてから、真佐子は一人で里山に登った。

みかん畑がたくさんあり、丘の上からの瀬戸の眺めを飽きずに眺めた。さらに山に入っていくと、下からは谷川のせせらぎが聞こえてくる、そんな山道の落ち葉の中に栗の毬《いが》を見つけた。

落ち葉の中をじっと見ているとつやつやした新しい栗の実が数個みつかった。よく見るとあちらにもこちらにも毬が落ちていて、その中から実がのぞいている。真佐子は嬉しくなって夢中で栗を拾ってはポケットに詰めた。真佐子がなかなか帰ってこないものだから、壱雄も心配してやってきて、二人で今度は栗の木をゆすっては栗を落としてポケットがいっぱいになるまで拾った。

あんたたちは、わたしの夢だ

壱雄と真佐子は別府に一週間以上も滞在してから、一一月一日豊後《ぶんご》水道に向かう。的形を出航してちょうど一カ月が過ぎた。

よく晴れた朝、別府湾を東に進み愛媛の佐田岬《さだみさき》半島と大分県の佐賀関《さがのせき》の間にある速吸瀬戸《はやすいせと》に向かう。豊後と伊予の間だから豊予海峡《ほうよかいきょう》とも呼ぶが、速吸瀬戸の方がいかにも急潮の海峡を想起させてくれる。ここを抜けると瀬戸内海が終わって豊後水道になる。

〈アストロ〉は速吸瀬戸を抜けると豊後水道に向かわず、すぐ佐田岬半島の陰に隠れるように岬に沿って宇和海《うわかい》に入っていった。宇和海というと広い海のようだが、佐田岬半島から宇和島までの海域で、愛媛県西部の湾である。〈アストロ〉は佐田岬に近いひっそりした港、三崎に入った。

夕食の支度もできて食べるばかりになったとき、酔っぱらった男がやってきた。そして、四合瓶と湯飲み茶碗ふたつを持って、壱雄に飲めと何度もすすめる。

壱雄が酒は一滴も飲めないと言っても、どこから来たか、明日はどこへ行くのかと、毎日訊かれるおきまりのことを尋ねてから、是非一日滞在を延ばして家に来いとしつこい。もう舌も乱れてかなり酔いが回っている様子なのに話ははっきりしていて、変な人が強引に誘いを繰り返すものの、どこか憎めないところがある。

自分も船に乗って海で生活している、そうする者にとってこんなヨットで帆まかせ、風まかせに、死んでも生きても夫婦一緒で好きなところを回るなんて、なんて良いことだろう。自分も一度、そんな夢を叶えてみたい、何度もそう繰り返し話した。

自分のあこがれのそんな人に今日は会ったのだから、ぜひ明日は自分の家にきてくれと言うのである。そして、姫路に帰ったときは、三崎に酒に酔ったこんな馬鹿がいたと、必ず思い出してほしい。葉書にそう書いて送ってくれ、こう言って住所も教えられた。三崎町の堀田保善という人だった。

二人とも酒を飲まず、酔っぱらいとのつきあいに慣れていないから、どこまでもまじめに応対をしていると、

「今夜は、どうしても三崎の町で一緒にチャンポンを食べよう」

こう言ってあとに引かない。夕食の用意もできているからと断ったが、どうしても承知しない彼に負けて、千鳥足の堀田についてでかけることになってしまった。

小さな食堂に入ると堀田は、大きな声でいきなり

「この人知っとるか、姫路からヨットで来た人やで」

店のおばさんと酒を一人で飲んでいた男が、壱雄と真佐子を変な者を視るようにじっと見つめた。

人の情けを尋ねる旅

堀田はビールを飲み、壱雄と真佐子はチャンポンを頼んで堀田の話を聞き続けた。

彼は一人で漁船を操り漁をしている。いかに漁師が労多くして益が少ないかを嘆き、明日は一緒に漁船に乗って自分の漁を見に来てくれないかとも話した。昭和八年生まれ、子どもは女の子が三人いるそうだ。

最後にまた、姫路に帰ったら必ず葉書をくださいと頼まれた。

日が経ったあとで、遠くから自分のことを思い出してくれる、ただそのことがこの人には、

それほどまでに嬉しいことなのだろうか。真佐子はよくは理解できなかったが、海に生きる人は、人と人の絆といっていいだろうか、利害を超えた何かを持ち合わせていると感じた。

その夜、堀田の不思議な言葉とまなざしを思い返すと、頭が冴えてなかなか寝つけない。そして、もう遠い昔のことのようになってしまったが、大阪・淡路の助産所で耐え忍んだ殺伐とした人間関係、あれは何だったのだろうと思い起こした。

同じひとつ屋根の下で起居し、生活と仕事を分かち合っていたはずの人たちの間に、心の交流のようなものはカケラすらなかった。そういう関係が世の中の全部であるかのように子ども心にも思いこまされて、絶望のような心境にまで追い込まれていった。

ところがどうだろう、〈アストロ〉が的形をでてから、それこそ行きずりに一夕、隣に船を留めたことで言葉を交わしただけの機帆船の夫婦がさしだしてくれる温かい言葉やまなざし、そして、貧しい中でも手作りの干物を一匹、二匹と分けてくれる。

どの港に入っても、そういうさりげない気持ちをもらい続けている。

酔っぱらいの堀田は、そういう海の人の心を酒のおかげかもしれないが、照れも遠慮も脱ぎ捨てて、実は一番素朴に、そして真正面から真剣にさしのべてくれたのではないだろうか。

真佐子はようやく自分の気持ちを整理できたように思った。

〈アストロ〉の航海は、人の情けを訪ねる旅だ。

いままで自分が都会生活の中で気づくこともなかった、人の本当の姿を教えてもらう旅なのだ。

翌朝、壱雄と真佐子が起きると、もう酔っぱらいの堀田の漁船はいなかった。あんなに酔っぱらっていたのに、堀田は夜明け前にちゃんと漁場に向けて彼の船を走らせて出港して行った。

漁村は子どもがあふれている

宇和海の打瀬船

〈アストロ〉は細長い佐田岬半島に沿って東に向かった。佐田岬半島は南北の幅が最狭部でわずか二km足らず、それでいて全長四五kmもある細長い半島である。その半島の付け根に八幡浜《やわたはま》がある。

佐田岬半島から宇和島までの宇和海《うわかい》には、明治から昭和の戦前頃まで打瀬船《うたせぶね》という、独特の帆装漁船があった。

和式漁船で動力など装備していなかったが、全長一二〜二〇mぐらいの船はやや細身で二本マスト、そして船首スプリット（船首檣《せんしゅしょう》）も持ち、そこに三角前帆まで装備するヨット艤装に驚くほど似た帆船だった。この打瀬船に範をとって設計したのが、〈アストロ〉が五月に小豆島で会った野本謙作の〈春一番〉である。野本は打瀬船に傾倒していて、自分のヨットに打瀬船の船型を取り入れて造った。

千石船など江戸時代はマストは一本に規制されたために、和船で二本マストは歴史上も珍しい。打瀬船は木枯らしが吹く頃から春先までが漁期で、佐田岬から宇和島の間を冬の強風を利用して底引き網漁をした。〈アストロ〉も小さいながら二本マストである。宇和海を航海したとき、八幡浜か宇和島の港には打瀬船がまだ残っていたかもしれない。

この打瀬船こそ、実は太平洋を無寄港で横断した日本最初の小型帆船だった。これをヨットと謳っていれば、堀江の〈マーメイド〉の記録よりも六〇年も早い太平洋横断記録と言われたかもしれない。欧米でも元々はヨットと帆装漁船の区別などなかったのである。

ヨットで単独世界一周を初めて成し遂げたアメリカのジョシュア・スローカムの〈スプレー号〉は、港に置かれていたずんぐりしたカキ取り漁船をもらって、自分で改造して長距離航海用に仕立て直した帆船だった。打瀬船と同じ二本マストの三七フィート（全長一一m）、それは今日普及しているヨットと同じ大きさだった。

打瀬船船頭で漁師の吉田亀三郎が二度にわたり、仲間を募ってアメリカまで密航出稼ぎを企てて太平洋を横断した。つまり、二度も成功している（『密航漁夫』小島敦夫、集英社）。

明治二〇年代には宇和島近在からハワイ、アメリカ移民が数多く出て行った。吉田もその一人で汽船でアメリカに渡り富を得て帰郷したが、再度出稼ぎにと思ったときは、日本移民排斥が強まりビザが下りなかった。そこで吉田は打瀬船で密航移民を企てた。出稼ぎは成功したが密航航海だから、惜しいことに記録として知られないまま放置されてしまった。

宇和島にはすでに宇和島ヨットクラブができていて、〈アストロ〉を歓迎してくれた。もちろんヨットが宇和島を訪問したのは初めてで、宇和島新聞に二人のヨット旅行が大きく取り上げられた。

漁村は子どもがいっぱい

一一月五日、宇和島を離れて島の間を縫うように進み、午後四時に中浦《なかうら》に着いた。そこは鍵の手に伸びた細く小さな半島にある入り江だった。リアス式海岸のこの地方だが、中浦はその中でも第一級の、台風でも安全な四方を山に囲まれた小さな港だ。

壱雄がそんな地味で知られない港をなぜ選んだかといえば、宇和島ヨットクラブの人たちや漁師さんたちが、足摺岬《あしずりみさき》までの港を次々に選んで教えてくれたからだ。中浦の次もこの地方の中心地、宿毛《すくも》を通過してその外側にある古満目《こまめ》に入っている。

中浦の深い入り江の対岸には平屋の小学校があって、もう夕方だが校庭で子どもたちが遊ぶにぎやかな声がヨットまで響いてきた。ヨットを見つけると子どもたちが岸に駆けてくる。子どもたちの中から、「おっちゃん、日本一周してんのんか」という声も聞こえた。昨日の新聞記事を大人から教えられていたのだろう。

翌六日、お昼になると向こう岸から、「ヨットに乗せてくれんか」と子どもたちが呼ぶ声がする。壱雄がテンダーで迎えに行き二人を乗せると、「ぼくも、ぼくも」と集まってきて壱雄は何往復もする羽目になった。ちょうど小学校のお昼休みで、我も我もと集まってくる。子どもたちが乗ると〈アストロ〉はこわいほど片側に傾き、キャビンに入る子、双眼鏡を探し出して覗く子、写真を見つけて頭をつきあわせて見ている子もいる。

海育ちの子たちだから、「機械は?」と訊き、エンジンハッチをあけてあげると、「やあ、あるある、小さいなあ」などと言い、思い思いにヨットのことをしゃべり合う。そして、午後の授業が始まる一時になると一斉に学校へ戻っていった。

放課後にまた二人の子どもがやってきて、「勉強するんや」というなりキッチンで宿題を始めた。そして、大急ぎで宿題を終えると、キャビンの中を寝ころんだり転げ回って遊んだ。

いまの学校で、昼休みに子どもたちが勝手に校外の船に遊びにいくなど、先生が放置すれば問題にされるだろうし、子どもたちが放課後校庭で遊ぶのにも許可がいる。それ以上に驚くのは、静かで小さな漁港にみえた村に子どもたちがいっぱいいて、明るく屈託ない声が入り江いっぱいに響きわたっていることだ。今日、日本中を訪ねてみて子どもの声が聞こえてくる漁港がどれほどあるだろうか。

子どもたちが家に帰って物音ひとつしない漁港の夕べ、壱雄は電気科学館にやってくる修学旅行の生徒たちを思い出した。

「来年は船に天体望遠鏡を積んで、港の子どもたちに星座を見せてあげよう」

豊かな村、中浦

翌日、晴れ渡って入り江の中は風もないが、ラジオで低気圧が日本海を進むというのでもう一日滞在することにした。

八時頃「おっちゃーん」と、昨日の子どもが岸から呼んでいる。

「〝塩け〟を持ってきたから取りにきな」

壱雄が急いでテンダーで岸にいくと、いっしょに船にやってきて、新聞紙でくるんだ大きな包みを真佐子に渡した。開くと塩をした小アジが五〇匹ほども入っている。

昨日ヨットで遊んだことを家に帰って親に詳しく話したのだろう。そして、いっぱいの小アジを託してくれた。港に入ってきたとき最初に船を見たいとやってきた老人も、朝バケツいっぱいの魚を届けてくれたし、一緒にきた若い人は村に風呂屋はないから自宅の風呂にくるようにすすめてくれた。

岸から呼ぶおばあさんに連れられて、壱雄がどこかに消えてしばらくいなくなったと思ったら、両手いっぱいの野菜を抱えて戻ってきた。

この村では、誰彼となくけっして高価なものではないけれど、船を見せたり世話というほどでなくてもなにかをすると、必ずその倍も三倍ものお返しを届けてくれ、不自由していないかと言ってはまた持ってきてくれる。

その好意がさりげなくて、村ではいつもお互いにそういうやりとりをしている様子が感じられて、都会育ちの真佐子は戸惑いながら感激した。

青空が輝き、風も穏やかな朝に出港しないまま自重するのは、とても後ろめたい気持ちになるものである。しかし、子どもたちが学校へ去ると風が強くなり、突風まで吹き始めた。二人は今日の出港を取りやめてよかったと安堵した。

お昼からは本土の御荘町《みそうちょう》、といっても陸続きだがそこにある四国四十番札所のお寺を訪ねてみた。バスを待つ一時間ほどの間に岬の裏道を散策すると、段々畠で芋の収穫をしている女性が多い。ここは漁業に加えて真珠の養殖もあり、畠では女性が年をとっても働いている。新しく建て替えた家が目立つし、テレビのある家も多い。山が迫った谷間のような村だから、山に大きなアンテナを立てて各戸にテレビ電波を配っているそうだ。すごい普及である。みかんの収穫はひと月ほど前に終わったが、みかんで建て替える家が多いとも耳にした。

夜になっても風は吹き続けてマストのリギン（マストを固定する支索などをいう）をヒューヒューと鳴らし、船内もずいぶん冷え込んだ。この秋初めての冬型の気圧配置とのことで、もう一日季節風が吹くだろうと告げている。

澄みきった夜空に、スバルや御者座が日暮れと同時に昇って、木星もずいぶん高い位置にある。日が暮れるのも目に見えて早くなったし、季節風がたびたび吹けば、もっと動けなくなりかねない。壱雄はすこし焦りを感じながらベッドにもぐりこんだ。

テンダーのこと

一一月一三日、曇り空の下に足摺岬が長く伸びている。南東の微風が弱々しく海は静かで波もない。岬の手前でメジカ（ソウダガツオ）が一匹釣れた。

土佐清水を八時に出港し、九時ちょうどに足摺岬をあっさりかわすことができた。姫路の的形を出てからいつも、足摺岬を無事に通過できるだろうかと、頭の片隅に気がかりが染みついてきたのに、実際の足摺岬は拍子抜けするほど簡単に通過してしまった。

土佐湾は南寄りの風では大きな波が沖から押し寄せるが、晩秋のほどよい北風に恵まれて〈アストロ〉は快調に走り続ける。北寄りの風は、四国脊梁山脈が防風壁になって土佐湾は穏やかな海を約束してくれた。この日、足摺岬を越えて〈アストロ〉は上川口《かみかわぐち》に入港した。

潮の干満差が少ない関東以北や日本海側の人には岸壁へ槍着けするためにテンダー（小型の搭載艇。現在、多くはゴムボート）を使うなどピンとこないかもしれないが、瀬戸内海で始めたヨットだから、潮の干満差が大きいことは当然のことだと思っていた。二五フィートの〈アストロ〉は乾舷が低いから、ヨットから直接岸壁に上がったり船に戻るのは厄介で、また危険でもある。

〈アストロ〉はいつも船尾にテンダーを結んで曳いたまま航海している。港に着いてアンカーを打つと、壱雄はロープを持ってテンダーで岸に回る。どの港にも岸壁にはかならず石段がしつらえてあるから、石段前にテンダーを結んで陸にあがってから舫いをしっかり固定した。こうして、船と陸との往き来にテンダーを使う。風呂に行くにも、水汲みにも、テンダーが〈アストロ〉の桟橋代わりになっていた。

一一月二三日朝五時、ラジオのスイッチをいれた途端、アメリカのケネディ大統領が撃たれて死亡したとニュースが流れ始めた。この日、一日中ラジオはこの暗殺のニュースで埋め尽くされた。

的形へ

北東風の吹きだしのあと、今度は雨になって足止めされた。朝起きるとキャビンの天井といわず壁といわず、ものすごい水滴だ。天井などいまにも水滴になってボタボタと落ちてきそうなぐらいに濡れている。室戸岬を回ると気温が下がってキャビンの壁に夜露がおりた。冬が近づいてきた。

一一月二八日ようやく小鳴門海峡に入る。そして、天候が悪化する中、瀬戸内海がもう目の前に見える北泊《きたどまり》に逃げ込んだ。

　上陸して瀬戸内海側を見に行くと、うっすらと姫路の島、家島群島が浮かんでいる。瀬戸内海も白波が立って北風が強まっているけれど、的形の海がすぐ近くで待ってくれている。

　夜、船の揺れが大きく、風も強まって揺れがさらにひどくなり真佐子は寝つけなかった。隣の漁船にドンドンとぶつかるたびにびくびくしたが、壱雄は平気で眠っていた。そのうち、右舷でバリバリと大きな音をたてたので、真佐子は思わず「痛いっ」と叫んで、壱雄を起こした。が、壱雄は「大丈夫」とひとこと言ってまた寝てしまうので、無理矢理起こしてとにかく外をみてもらった。

　なんと、舫いロープが切れてロープ一本だけが船と岸を結んでいて、船は反対を向いてしまっている。風が逆だったら船は岸壁にぶつけられていたかもしれず、危ないところだった。

　一一月三〇日、晴天。冬空に黒雲が飛んでいるが、青空が広がってくるのを見て、出港することにした。

　八時二〇分頃から南流が始まるので流れの弱いときに海峡を抜けようと決めて、八時四五分エンジンをかけ湾口まで進んでみると、白波が騒いで波立っている。近くにいた漁師が「駄目だ、駄目だ」と大きく手を横に振って合図してくれた。壱雄は諦められず「駄目か?」と念を押して尋ねると、やはり「駄目だ」と押しとどめられた。

せっかく意気込んででてきたけれど、諦めて港に戻って今度は静かな奥の船だまりにいれさせてもらった。やがて北風が強まり、沖の水平線がでこぼこに見えるようになった。そして、雨も降り始めて突風が吹き、激しく海況が変わった。

前線の通過だったのだろう。漁師はこういう気象の変化をびっくりするほど正確に読んでいるものである。所在なく午後いっぱいを壱雄はラジオを聴きながら寝ころび、真佐子はキッチンの前に腰掛けて本を読んだり、レース編みの続きをして過ごした。

一二月一日、夜明け。黒い雲が空一面に広がっているのが眺められて、今日も一日出航できないだろうと壱雄がつぶやいた。夜通し吹き続けた風はやんできたようだったが。

高松への試験航海をはじめ、いつも相談相手になってくれた奥村力

七時半になると、まわりの漁船が一斉にエンジンをかけて動き始めた。それを聞きつけて〈アストロ〉もあわてて準備をして八時に離岸した。雲は多いけれど、海峡を抜け出ると行く手の水平線上に白い雲が浮かび、小豆島が左に横たわっている。波が高いなかを北に向けて進み始める。

日が高くなるにつれて風も波もおさまってきたので、メインセールをあげた。そして、的形に向けて針路をまっすぐ合わせた。

全帆を揚げて帆走中。セール番号“56”と天体望遠鏡のマークがよくわかる

第三章　試練の海

（本州一周の旅1）

巡視艇に横付けして舫いを扱う真佐子。NHK 出演で＜アストロ＞はすっかり有名になった、那珂湊で

本州一周 1　1964年（昭和39）4月2日～7月17日

月	日	出港地	入港地	滞在日数
4	2	的形	洲本	3泊
	5	洲本	由良	6泊
	11	由良	白浜	5泊
	16	白浜	串本	
	17	串本	那智勝浦	
	18	那智勝浦	尾鷲	
	19	尾鷲	御座	
	20	御座	鳥羽	2泊
	22	鳥羽	和具	2泊
	24	和具	伊良湖	10泊
5	4	伊良湖	御前崎	2泊
	6	御前崎	下田	4泊
	10	下田	大島・波浮	6泊
	16	大島・波浮	油壺	11泊
	27	油壺	千倉	2泊
	29	千倉	安房勝浦	7泊
6	5	安房勝浦	銚子	6泊

月	日	出港地	入港地	滞在日数
6	11	銚子	那珂湊	2泊
	13	那珂湊	久慈	3泊
	16	久慈	小名浜	
	17	小名浜	四倉	
	18	四倉	松川浦	
	19	松川浦	塩釜	5泊
	24	塩釜	鮎川	
	25	鮎川	雄勝	
	26	雄勝	気仙沼	
	27	気仙沼	大船渡	
	28	大船渡	釜石	
	29	釜石	宮古	5泊
7	4	宮古	久慈	
	5	久慈	八戸	3泊
	8	八戸	白糠	8泊
	16	白糠	大畑	
	17	大畑	函館	10泊

日本一周へ

教材積んで

一九六四（昭和三九）年四月二日、〈アストロ〉は再び的形を離れた。からりと晴れ上がった朝、奥村ボートの一家が総出で壱雄と真佐子を見送ってくれた。

工場長の奥村力が、困ったときはいつでも遠慮なく電話してくださいよと励まし、社長・義晴の長男で小学生の雅晴（現社長）も、学校へ行く時刻だが岸壁上を走り回っている。いつもなにかと気配りしてくれるおばあさんも心配そうに岸壁に立っていた。

八時二〇分〈アストロ〉が舫いをはずし、静かに的形川を下り始めた。下り始めたといっても河口まではほんの二〇〇〜三〇〇ｍしかないから、舫いを束ねて始末する前にもう海に乗り出していた。河口の防波堤の上から二人の男が大きく手を振りながら、しきりにカメラのシャッターを切り、壱雄と真佐子も手を振り続けた。出航の取材に来ていた朝日新聞と読売新聞の記者だった。四国一周のときは、訪問先で地元新聞が取り上げることはあったが、今度は出航時から全国紙が取材にきて〈アストロ〉を紹介した。

真佐子がこの年のノートの第一ページ、四月二日にこう記している。

《日本一周とひと口にいうが、それが果たして私たちにできるだろうか。長い長い日本列島が私の頭の中に横たわっている》

〈アストロ〉は鳴門海峡を避けて明石海峡を下げ潮にのって通過し、淡路島の大阪湾側にある洲本《すもと》に入港して第一日を終えた。

さっそくこの日の朝日新聞夕刊に、的形川を下る〈アストロ〉の写真付きで紹介された。見出しは《ヨットに教材積んで、日本一周》。

電気科学館のプラネタリウム解説者として一九年間勤めたこと、退職を機にプラネタリウムを見られない辺地の子どもたちに宇宙の雄大さを伝えたくて望遠鏡三台を積んで日本一周する抱負を述べた。若い頃に事故で腰骨を痛め、身体が不自由で陸からの行脚《あんぎゃ》は無理なので、ヨットを造り海上行脚を計画した……。読売新聞記事も内容はほぼ同じだった。どちらの記事にも北の海への思いのことも、ヨット航海についても触れておらず、壱雄の経歴や計画の有意義さばかりが目立っている。

金の使い道に困った道楽

的形をでて八日もたつというのに、淡路島洲本の次に入港した紀伊水道の由良《ゆら》でまだじっとしている。四月一一日の朝も雲は低くたれこめているが風は五〜六ｍ／秒、しかも北寄りの追い風なのに壱雄はまだ迷っている様子で、真佐子はいらいらしている。

四国一周のときは様子がわからなかったけれど、二年目になると真佐子もそれなりに気象をみるようになっている。壱雄は天候が不安定で迷っているというよりも、ただぐずぐずしているだけのように思われた。

「波といってもこれくらいを恐れていて、日本一周なんてできるの、行こう」

壱雄の背中をどんと押すように急き立てて、とにかく南をめざして動き始めた。

北西の追い風にせかされるように走り、田辺湾の南側にある綱不知《つなしらず》に一四時四五分に着いた。綱不知は南紀・白浜の入り江である。

綱不知でも五泊していよいよ潮岬《しおのみさき》への挑戦だ。海はおだやかだが南下するにつれてうねりが大きくなってきた。空はいまにも泣き出しそうに低く厚い雲がたれこめているが、風がないのでローリングがひどく、真佐子は船酔いにひどく苦しみ始める。キャビンに降りて寝ころんだが嘔吐《おうと》し、すっかり気力もなくなってエンジンの響きがずきずき頭にこたえた。〈アストロ〉は大きな波にのって右に三五度も傾いたかと思うと、すぐさま左に三五度といった調子でのろのろと進む。一四時頃ようやく潮岬を通過し、大島水道を抜けて串本《くしもと》に入港することができた。

太陽の光にきらきら輝いて海がまぶしい。熊野灘は海の色がもう夏を思わせるような明るいブルーに染まり、日が高くなるにつれて暑さが押し寄せ、やっと天気が安定してきた。〈アストロ〉は串本の次に那智勝浦に一泊しただけで尾鷲《おわせ》に向かい、さらに英虞湾《あごわん》入り口にある御座《ござ》港へ、そして鳥羽《とば》へと、田辺から五日間で熊野灘を通過してしまった。

四月二〇日、英虞湾を離れて鳥羽に向かう。御座岬《ござみさき》を回ると布施田《ふせだ》水道に入る。この水道は暗礁が左右にあって油断できないが、標識が完備されており五〇〇トンクラスの内航タンカーも通航できる。

機走でよちよち歩きの子どものように進む〈アストロ〉を、漁船、内航タンカー、機帆船などが次々に追い越していく。なにしろ狭い水道だから大きな船がすぐ近くを通るので、その都度、大きな曳き波にまきこまれてドタバタしている。追い越したり、すれ違う船のブリッジから身を乗り出すようにして、〈アストロ〉を見下ろしてみんな手を振っていくので、こちらも片手は大揺れのヨットのライフラインを摑んだまま、手を振って応えた。

鳥羽港は、機帆船やら漁船やらがいっぱいで、どこに〈アストロ〉を留めればいいか困っていると、奥の漁船から六〜七人の人たちが手を振って「こっちに来い、こっちに来い」と呼んでくれるのが見えた。

大きな漁船の横にアンカーを打って槍着けさせてもらったら、なんと布施田水道で追い越していった漁船の人たちだった。

ここでも大勢の人たちが集まってきて、無遠慮にキャビンの中まで入り込んで好き勝手にヨット評を大声で話し合っている。

「こんなヨットで旅行して遊ぶなんて、よっぽどお金の使い道に困っている人やろな」

寄港先でこういう言葉を何度も耳にしてきたが、その都度、真佐子は仕事もせず旅をしている後ろめたい気持ちと、それに反発する嫌な気持ちを同時に思ってしまう。一番いやなのは、自分たちについてとんでもない誤解をしていることだが、それに反論したり弁解しても仕方ないから、いつも黙って聞き流しているのである。

《たしかに予定なしでお天気まかせの航海なんて、まったくのんき気だし、いまどき考えられない生活かもしれないけれど、この航海は壱雄が定年を迎えてやっと実現に向けて一歩踏み出したものなのだ。生活のすべてを失うことと引き替えにして得た「旅の生活」なのだ。お金の使

い道に困るような人にこんなことができるものか》
その夜、真佐子は日記にたたきつけるように記した。
真佐子も仕事を辞めてもう一年になる。貯金の目減りが気になり始めたなかで、旅の台所を預かる主婦が家計の不安から逃れられる日は一日もない。

楽しみは〝手紙〟

鳥羽には大きな楽しみも待っていた。二人は、入港後の始末を終えると鳥羽郵便局に急いだ。的形の人や友人から局留めで郵便が届いているはずだ。

九通も手紙が届いていたので、近くのうどん屋に飛び込んで、まず二、三通の封を切った。たくさん写真を同封してくれたものまであった。残りはもったいないので船に戻って、夕食の支度も後回しにして、一時間以上もかけて手紙を何度も何度も読みふけった。

市外電話は一度交換手を呼び出して申し込み、回線が空くと電話局から呼び出しがあって初めて先方に電話を繋いでもらえる。そのために何時間も待ち続けなければならなかった。

漁協などで事情を話して市外電話を申し込み、いつ来るかわからない呼び出しを待ち続けるなど、よほどの緊急時しかできないから、大阪や的形とは、立ち寄る港の局留め郵便が唯一の連絡方法だったのである。

長い好天も終わり、夜半から南東の風が強まって港の中でも波が立ってきた。翌朝、なんとか朝食の支度はこなしたが、真佐子は頭が痛み、胃に鉛が入っているように重い。

壱雄は隣の巻き網漁船〈山三丸〉にいって、漁船の人たち一〇人ばかりと車座になって天文の話をしている。長年、プラネタリウムの解説員をしてきたからそういう話はお手のもので、漁師の人たちも気象や天文には関心があるから、喜んで聞いていた。

たまらなくなって真佐子は、朝食べたものを全部嘔吐してしまった。そこへ漁船の二人が様子を見にきてくれ、船酔いで苦しむ真佐子に、

「奥さん、上陸して水族館へでも行ってきなさい、晩のおかずはうちで作っとくから」

一晩、隣同士に船をとめただけで温かい言葉をかけてくれる人たちがここにもいる。鳥羽の南にある的矢《まとや》湾《わん》入り口の漁港、安乗《あのり》の人たちで、修理のために鳥羽に来ている船だった。午後、修理が終わって安乗に帰る前に、お刺身と魚の煮付けをたくさん届けてくれた。そして夕方から雨に変わった。

漁船のロープを絡める

壱雄は鳥羽から遠州灘《えんしゅうなだ》越えに向かうのでなく、伊良湖《いらご》港から遠州灘に乗り出すつもりで、四月二四日に伊良湖港に移動した。がらんとして船も少なく、町もなく、ひっそりとした港だった。

風当たりの強いこの港で、壱雄はアンカーの効き具合を絶えず気にして、風が後ろに回るとエンジンをかけてアンカーを引き上げ、対岸に移動して、陸側から風を受けるように二度もやり直した。

三日目の朝、雨と風が強まり走錨がはじまり、〈アストロ〉が岸に寄せられたので、もう一度風上の岸壁に移動することにした。船を移動させたり、アンカーを何度も打ち直したり、壱雄はこういう労をいとわなかった。

エンジンを掛けておいてテンダーで岸壁に行き、結わえた舫いロープをはずした途端、風に振られてヨットが風下に泊まっていた漁船に吸い寄せられて、漁船の横腹に張りついてしまった。

こういうときは漁船から舫いを取らせてもらえばいいのだが、壱雄はあくまで対岸に移動しようとして、エンジンパワーで漁船から離れようとしているうちに、漁船のアンカーロープをプロペラに絡ませてしまった。雨の中での事故である。

壱雄が水中メガネをつけて潜ってみたが、太い漁船のロープは団子状に〈アストロ〉のスクリューにしっかり巻きついている。万事休す。

船にあがると寒さで身体がガタガタ震えてとまらない。壱雄が潜らないわけにいかないと決めたとき、真佐子はすぐ鍋一杯にお湯を沸かし、そして唇を青くして海から上がってきた夫の身体を熱い湯に浸したタオルで必死に拭きあげた。

漁船でも見かねて若い漁船員を潜らせてみたが、

「ああ冷たっ、こんなんあかん」

と悲鳴を上げて若者はすぐあがってしまった。結局、漁船の人たち数人がかりで、漁船のロープを切り、〈アストロ〉に巻き付いたロープもきれいに取り除いてくれた時はもう午後になっていた。

その夜も風は一晩中吹き続けた。壱雄が、もう生きた心地もしなかったとか正直に真佐子に語りかければ、真佐子も壱雄のことが心配でたまらなかったと話がすすみ、少しは気持ちも楽になったかもしれない。しかし、壱雄はその夜、トラブルについて黙したままひとことも話さなかった。知らぬ顔を装ったけれどその晩、風の鳴き声を聞くと心配で、夜通し一時間ごとに起きてはアンカーの具合を点検した。

金縛りで動けない

毎日アンカーを打ち直し、天気図を見ては出港を見合わせる間に漁船は出て行き、また次の船がやってくる、そんな繰り返しを重ねて一〇日もたった。

これまで毎日の航程は二〇〜三〇マイルだが、伊良湖から御前崎《おまえざき》まで遠州灘越えは六八マイルもあるから優に二日分以上も走らなければならない。しかも避難できる港が途中になく、伊良湖をでたら御前崎までがんばり通すしかないのだから、壱雄はわずか一〇マイルの差だけれど鳥羽から遠州灘に向かわず、伊良湖から遠州灘に挑戦しようと考えた。

昔から遠州灘、日向灘《ひゅうがなだ》、玄界灘《げんかいなだ》を三大難所と呼んできたそうだ。もっともなにを根拠にいうのか不明だが、遠州灘と日向灘は途中に逃げ込める港がないことではよく似ているし、江戸時代に北西季節風に吹き流されてカムチャツカまで漂流した大黒屋光太夫は、鳥羽をでたあと遠州灘で嵐に遭ったのが漂流の発端だった。

ヨットが遠州灘を越えた初記録は、一九五八（昭和三三）年であり、西から東へ初めて成功したのは一九六〇（昭和三五）年、わずか四年前のことだ。ヨットにとって遠州灘はまだ厳しい挑戦の時代だった。ヨットを始めてまだ一年の壱雄が、遠州灘越えを前にして金縛りにあって動けなくなったのは仕方ないことである。

長期航海を体験した者でなければ、あれこれ理由をつけては、くる日もくる日も出港を延ばす、この不安な心理はなかなか理解できないかもしれない。

五月三日（日）、朝からよく晴れて風はまだやや強い様子だが壱雄はまだ動く気配がない。天気図を描くのが日課になったが、そのためにかえって前線の動きが気になるとか、低気圧ができるかもしれないなど、夫の説明、実は動けない口実をきいていると真佐子は無性に苛立ちを感じていた。

「そんなに平穏無事の航海を待っていたら、ここで夏を過ごして冬になってしまう。慎重にもほどがある」

口にだしてしまうと、抑えが効かなくなって溜まっていたものが一気に噴き出してしまった。真佐子に目を向けないまま、壱雄は「もう少し、辛抱して」と、ぼそぼそと悲しそうな顔をしてつぶやいた。

試練が続く

夜明けの出港

五月四日午前二時四〇分、「ジリジリ、ジリリリ」、目覚まし時計が鳴って飛び起きると、壱雄はデッキにでて空を見上げた。

曇っているようだが、どうだろう？　風も強い様子で絶え間なくマストのリギンを鳴らしている。前日、真佐子になじられてしまい、壱雄は明日は出港しようと決めた。

伊良湖港から御前崎港まで六八マイル、御前崎に暗くなる前、ぎりぎりでも一八時には着きたいから、所要時間を一五時間と計算して朝三時に出港しなければならない、そう決めた。所要時間から推測すると平均時速を四・五ノットとみたようだ。

デッキに立ったまま、壱雄は空を見続けていた。襟元から吹き込む夜風が身震いするほど冷たい。もう予定の三時を過ぎてしまった。

「どう、出られそうなの」

心配そうに、真佐子が入り口から壱雄を見上げてきいた。しばらくして、壱雄は、

「もうちょっと様子をみよう」

キャビンに戻ったものの、二人は眠ることもできず黙ったまま時が過ぎるのを待った。四時半になると、港の出口も防波堤も輪郭が見え始め夜明けが近づいた。ようやく出ていく決心をした。

昨夜、夜間航海のためにヘッドランプを用意し、真佐子はごはんを炊き直して、朝昼二食分のおむすびを握った。いつものように卵焼きを作り、めざしをあぶって、ちくわの煮付けも用意しておいた。しかし、二人はまだ一度も、闇の中の航海を体験していない。

天候も心配だが、夜中に起きていざ真っ暗な海をみると、どこに防波堤があるかも定かでないし、不安にとりつかれてやはり動けなかった。結局、〈アストロ〉は四時四五分、港の出口をしっかり確かめてから出港した。

遠州灘、風と潮にめぐまれて

伊良湖水道の真ん中に神島《かみしま》が黒々と鎮まって、ピカッ、ピカッと中腹にある灯台から光が四

周に投げかけられている。島の北側の海面には、夜通し操業している漁船が数十隻、まだ灯りを点《つ》けていっぱいに拡がっていた。北西からの風は冷たくて身震いが止まらない。

空は黒雲に覆われ七時には雨も落ちてきたが、一時間少々であがってくれた。二人とも戻ろうかなど口にしない。陸に沿って東へ、東へ進んだ。幸い風は北西から四～五m／秒なので、セールを大きく張ってよく走っているし、陸から吹く風だから波も高くない。

一〇時に浜名湖の入り口にある舞阪《まいさか》灯台を見た。予定よりもかなり早い通過で、壱雄はホッとした。一〇日間も待機している間に潮が変わり、伊良湖水道を下げ潮に乗って通過し、舞阪までも下げ潮は東に流れるので潮に乗って快走してきたのだ。

やっと緊張感から解放されて、真佐子は遠州灘はどこまでいっても本当に単調だなあと壱雄に話しかけて、変わらない景色を眺め、壱雄は、晴れていたらもう富士山が見えているはずなんだがと答えた。

現在のヨットは、ＧＰＳ（全地球測位システム）を装備しているから、どんな海上にいても船の現在位地を常時把握できるし、同時に、正確な対地速度も表示される。一方、船の速度計は海面に対する速度計だから対水速度であり、このふたつの計器のどちらが速いかで、容易に逆潮か連れ潮かがわかるし、ふたつの速度差が潮の流速になる。〈アストロ〉の時代には、走りながら対地速度を正しく知る方法がなかったから、いつも対水速度だけを見ていた。

こうして〈アストロ〉は、一七時半に御前崎港に舫いをしっかり結び終えた。二人はさっそくお風呂にでかけ、帰りに寿司屋で遠州灘越えができたことを静かに祝った。

テンダーを流す

御前崎から伊豆半島南端の石廊崎《いろうざき》を回って、伊豆大島から房総半島までも難所が続く。下田から爪木崎《つめきざき》を回って伊豆大島に向かう日も、さすがに伊豆の海は風は弱くてもうねりが大きく、小さな〈アストロ〉は揺れ続けながら、伊豆大島南端にある波浮《はぶ》に入った。

大島観光を終えて五月一三日、三浦半島の油壺《あぶらつぼ》をめざした。波浮港は徳利《とっくり》状の自然の良港で風をよく防いだから気づかなかったが、港外にでると同時に北東の風にさらされて、それまで経験したこともない大きな波が躍り上がっては〈アストロ〉に覆い被《かぶ》さるように襲ってきた。港を出て一時間たっても、向かい風と大きな波の中でほとんど進んでいない。

銚子《ちょうし》沖から石廊崎までは一年中、南西か北東の風のどちらかが吹く。そして風を遮《さえぎ》る陸がないから、強い風になることで知られ、波も高くなる海である。大島から北寄り方向にある三浦半島を北東風の下で狙うのは厳しすぎた。

「引き返そうか」

この言葉を、壱雄はそれでも口にださず、じっと我慢している様子だった。遠州灘、そして石廊崎から大島までの難所、どちらもさりげなく通過できたのに、今日はいままで経験したことのない高波にたたかれて、真佐子は舷側にしがみついたまま、口の中がからからだった。

油壺までの予定時間、八時間を思うと気が遠くなるようで「もう引き返そう」、真佐子がたまりかねて叫んだ。

壱雄は、真佐子がそう言ってくれるのを待っていたかのように、すぐ舵を引いてUターンした。今度は大波が後からヨットを乗り越えようと襲ってきた。しばらくして、真佐子が何気なく後を振り返ると、引っ張っていたはずのテンダーがない。

〈アストロ〉はもう一度、北東に変針してテンダーを探して、波の中を進み始めた。テンダーはすぐ見つかったが、もう海水がいっぱいで水船になっている。アンカーを投げてテンダーに引っかけて引き寄せても、荒れる海上で引き揚げることも、もう一度ロープを繋ぐこともできず、引き寄せたと思うと、次の波がまたテンダーを引き離した。

浸水がとまらない

突然、エンジンがプスプス、プスプス鳴き始めた。真佐子がエンジンハッチを開けてみて、息をのんだ。

エンジンルームに海水がいっぱい溜まって、エンジンは海水を跳ね上げながら、それでもまだ回っている。

「大変、大変やわ、船にどんどん水が溜まっている！」

もうテンダーどころではない。

大波に翻弄されているというのに、〈アストロ〉まで水船になろうとしている。恐怖が二人を包み込んだ。

真佐子がキャビンに降りて、水に浮いている本などを拾い上げているうちにも、水位はどんどん上がってくる。しかしどこから水が入ってくるのかがわからない。バケツふたつで交互に海水を汲みだし、壱雄が上から受け取っては海に捨てる。

捨てても捨てても、いっかな水は減らない。

どこから浸水しているか突きとめなければと思うけれど、その間にも、どんどん水かさが上がってくるので、バケツリレーを止めることもできなかった。

波は高くて、〈アストロ〉はもみくちゃにされ続けていた。

船体がローリングするたびに、キャビン内の海水は、ざあざあ大きな音を立てて右の壁にぶつかって、しぶきを高く打ち上げ、左にまた寄せて砕けて騒ぐ。

「力さーん、顗川さーん、林さーん」、真佐子は知っている限りのヨットマンの名を、心で叫びながら水を汲み続けた。

もう全身ずぶ濡れで、終わりのない作業が続くなかで真佐子は激しい船酔いに襲われ、身体の力がボキボキ折れるように抜けていくのを感じた。

交代して壱雄がバケツで汲みだし、真佐子がコクピットでバケツを受け取り、ゲロゲロ吐き続けながら、水を海に捨てる。

私たちに、海水を汲み出す力がある限りは〈アストロ〉は沈まない。「でも限界がいつかくる」、そう気づいた瞬間、恐怖が本物になって襲ってきたことを、いまでも真佐子は忘れられない。周囲を見回したがどこにも船影は見えなかった。

「ヨットの経験もない者が、日本一周なんて大それたことを考えるからだ。それで世間の笑い草になって、この旅が終わるとしたら、壱雄がかわいそうだ」

そう思ったときだった。「負けないぞ」、口に出して叫び、また新しい力が湧いてきた。

壱雄も、真佐子を元気づけるように「ヨイショ、ヨイショ」と掛け声をかけてはバケツリレーを繰り返した。

一時間近くも、太平洋の水を循環させる作業を繰り返した。壱雄は、作業を続けながらだんだん冷静になって、浸水の可能性のある場所を考えていた。そして、とうとう浸水場所をつきとめた。

「わかったぞお、水深計がはずれて穴があいている」

ぼろ雑巾などをギュウギュウ穴に詰め込んで、大量の浸水はひとまず収まった。

助け船が現れる

どれぐらい時間がたっただろうか。

遥か遠くに、船らしい黒い小さな点が見えた。どちらに向かっているのだろうか。真佐子は祈りながら、じっと黒い点を見続けた。

やがて、黒い点が少しずつ大きくなって、船の形になってきた。こちらに向かってくる。

真佐子は、マストを片腕で抱きかかえて身体を支え、黄色い救命胴衣を力一杯、大きく振り続けた。

「お願いだから、気づいてください」

大きな漁船のようだった。距離はかなり離れていたが〈アストロ〉の前方を横切って通り過ぎようとしている。壱雄もあがってきて、白い帽子を必死に振り回し続けた。

そして、漁船は行きすぎようとしたとき、突然、大きく船体を傾けながら舳先《へさき》をぐるっと回して、まっすぐ〈アストロ〉に向かって突進を始めた。

荒れる海では、船同士が近づきすぎては危険だ。並んで波にもまれて漂いながら大声で事情をやりとりした。漁船から「穴はどれぐらいだあ？」と叫び、壱雄が伝えると、

「待ってろ、すぐ栓を作ってやるから」

それから、ものの三〜四分もたたないうちに、シャツとパンツになった若者が、長く飛び出た漁船の舳先に立ったと思うと、次の瞬間、両手をピンと伸ばして、大波がのたうつ海に見事に飛び込んだ。

〈アストロ〉に乗り移った若者が木栓をしっかり穴にたたき込み、バケツで船内の水も汲み出してくれた。やっと浸水が止まった。

漁船は四国・足摺岬《あしずりみさき》の脇にある土佐清水の〈第一栄漁丸〉だった。〈第一栄漁丸〉は波浮港まで〈アストロ〉を曳航して連れ帰ってくれ、ヨットを岸壁に繋ぐと、漁船の人たちみんなで手を振って、また荒れる海にさっと戻っていった。

海に生きるほんものの男たちとは、こういう人たちなんだと、二人は心深く刻みこんだ。もう海は二度といやだと思ってもおかしくないかもしれないが、海にもっともっと、深い想いを抱いたようにも感じていた。

テンダーも帰ってきた

一晩、ぐっすり眠ってから、壱雄と真佐子は昨日のできごとをやっと冷静に反省して話しあった。海の上では、うっかりという小さなミスが絶対に許されないのだと、まず自分に言い聞かせた。テンダーが流れたということは、結んでいたロープがもう擦り切れていたのに、放っておいたということだ。

なぜ水深計が外れたかはわからないが、海水を汲み出すことばかりに気を奪われていたけれど、本当はまず浸水する穴を探すべきだったのだ。船底に穴がある場所は限られている。水かさが増えても、穴を見つければあんなに体力を消耗することもなかったと、二人はやっと気づいた。午後、隣の〈あづま丸〉の人が、「おーい、テンダーが帰ってきたぞお」。大声で知らせてくれた。まさか、もうすっかり諦めていたのに。

さっそく、〈あづま丸〉さんと一緒に、拾ってくれた静岡県の〈益徳丸〉へ駆けつけた。赤い船底を上に、漂っているのを見つけたので、万一、遭難した船のテンダーかもしれないから点検したけれど、人はおらずオールもなくて、ロープが切れて流れたとわかったので引き揚げてきたと説明してくれた。この船の人たちも海の掟をしっかり守って最善の処置をしてくれた。

時の人

油壺へ

朝日が輝いている。急斜面の山に取り囲まれた波浮の港にまだ陽は届かないが、向かい側の森の斜面が、朝の陽にキラキラ光っている。

真佐子は水産試験所の井戸を借りて、海水に浸かった衣類の洗濯にとりかかった。港内にはあまり風も当たらないが、外海は相当荒れているのだろう、昨夕から次々に漁船が逃げ込んできて、波浮はぎっしり埋まってしまった。

漁師のおじさんたちが〈アストロ〉見物に来て、コクピットに積み上げた濡れた衣類の山に驚いた。

「まあ、よくこんなに持ち込んだもんだなあ、服屋をひらくのかい」

集まった人たちが大笑いしている。漁船の人たちは、長い漁にでても小さなボストンバッグぐらいしか持ち込まないのだから。でも〈アストロ〉には春秋物、夏物、それに帰りは一一月末か一二月になるかもしれないから、冬物まで積み込んでいるのだから仕方ない。

夕刻、風もおさまったのだろう、漁船は一斉に出て行った。がらんとなった港内に、空の魚箱がぷかぷか浮いている。

五月一六日朝六時にまた漁船が戻ってきて、さっそく両側から〈アストロ〉のキャビンを覗きにきた。〈アストロ〉は六時半に、油壺をめざしてアンカーを揚げる。びっしり並んだ漁船の間、狭い水路のようになった港内を慎重に進むと、漁船のみんなが立って見送ってくれた。

「元気でなあ」

「気をつけていけよお」

「困ったときは、シャツでもなんでも振り回したら漁船が駆けつけるから心配するな」

こんなに大勢の人たちに見送られたのは初めてだ。漁船の人たち、一人ひとりが三日前に助けてくれた、土佐清水の〈第一栄漁丸〉の人たちの顔とだぶって見えた。

空は快晴、雲一つない。波高も一mあるかないかで、三日前と同じ海とは思えないほど穏やかだ。大島の島陰から抜けると頂上がまだ真っ白な雪で覆われている富士山が現れた。富士山の姿には神々しいような、どんな山にも見られないなにかがある、真佐子は感激の言葉をさがして眺めていた。

三浦半島は、標高が低いのでまだ見えないが、壱雄は一時間毎に富士山の頂上と大島の方位を測っては、海図に方位線を書き込んで現在の船位をだした。

やがて、三浦半島が浮かび上がり、城ヶ島も判別ができるようになった。城ヶ島の西側を通過して、諸磯湾《もろいそ》入り口の定置網と岩礁を回り込むと、油壺《あぶらつぼ》の入り口に着いた。

油壺は諸磯湾に入ってすぐ左に分かれる枝湾である。狭い川のように、両側から木立が水面にかぶさる水路を進み、もう一度こんどは右に曲がると、ヨットのマストが何十本も整然と並んで現れた。入り口の水路は狭いけれど、中は広々とした袋の入り江だ。ざっと六〇隻ものヨットが浮かんでいる。

「まるでヨットの展覧会だ」

ヨットの専門雑誌『舵』に、毎号登場する有名なヨットが、次々に〈アストロ〉の脇を流れていく。ここには大きなヨットが多いし、外国のヨットも何隻か停泊している。きょろきょろしながら、微速で奥へ進んでいくと、油壺ボートサービスからテンダーで迎えにきてくれ、〈アストロ〉の係留場所を決めてくれた。

取材が続く

さっそく翌朝から、日本テレビの撮影が始まった。なかなか油壺に現れない〈アストロ〉を心配して、日本テレビの担当者は波浮の漁協に電話を寄こして、〈アストロ〉の消息を追いかけてくれていたので、無事に現れたので喜んでくれた。

テレビニュース取材が終わらないうちに、旺文社の月刊誌『中三時代』の取材もあり、編集部が手配した三崎の中学三年生が、先生に引率されて加わった。壱雄が、デッキで中学生に天体望遠鏡を見せる場面の撮影もあって、翌月号の巻頭グラビアに載ることになった。終日、大忙しになった。

このあと房総半島を回って銚子に寄港すると、NHKから出演依頼が舞い込んだ。当時、人気絶頂だった〈私の秘密〉への出演依頼だった。

午後七時半から八時のゴールデンアワーの放送は、毎回視聴率三〇％前後もあって、司会の高橋圭三が冒頭に話す「事実は小説より奇なりと申しまして、世の中には変わっためずらしい経験をお持ちの方がたくさんいらっしゃいます」の名文句で始まった。解答者も、渡辺紳一郎、藤原あき、藤浦洸、塩月弥栄子ら著名人が揃っていた。

二人が招かれたときは司会が八木治郎に変わっていたが、銚子から準急で東京へでて、夕刻、NHKのスタジオに入った。生番組だから、何度も繰り返し番組進行の練習をしてから出番を楽屋で待った。俳優・芦田伸介他の人たちが、これも人気番組〈事件記者〉の出番までトランプをしながら、隣で待っている様子が真佐子の印象として残っている。

さて、本番ではひととおり最初の質問が終わると、あっけなく日本一周しているヨットの夫婦とわかってしまった。二人とも真っ黒に日焼けしているし、すでにテレビニュースでも新聞でも取り上げられていたから、解答者はすぐピンときた。出演は五分足らずだったが旅館に泊まり、翌日の昼過ぎ銚子に戻るとテレビを見た人が大勢見物にきていた。

ヨットには三タイプ

一九五〇年代後半から六〇年代は、日本のヨット離陸期と呼んでいいかもしれない。この時代のヨット記録を見るうちに、当時のヨットが三タイプに分けられることに気づいた。

まず第一のグループは、二人が「まるでヨットの展覧会」と歓声をあげた、油壺に集まっているヨットとそのオーナーたち。お金持ちのオーナーが贅《ぜい》をつくして立派なヨットを建造し、工夫をこらしている。

恐らくそれらの頂点にあった一隻が、俳優・森繁久弥《もりしげひさや》所有の〈ふじやま丸〉だったろう。横須賀のドックに入っている〈ふじやま丸〉を壱雄と真佐子は渋るガードマンに頼みこんで見学させてもらったが、操舵室にはたくさんのみたこともない計器が揃い、オーナー室は粋な和室だった。それは溜息のでるような世界だった。

オーナーの大半は、自分で修理や保守作業など行わず、ヨット部出の若いクルーを雇って手入れから操船までをやらせて楽しむ。ヨットについて多くの人が描くのはこういうヨットとそのオーナー・イメージなのだろう。それが今日まで続いている。

第二は、大学所有の外洋ヨットである。この時代は、有名大学ヨット部が日本を代表する水準の高価なレース仕様外洋ヨットを所有し、その多くが油壺を拠点にしていた。

相模湾を舞台に繰り広げられるヨットレースは大学ヨットが主導権を持っており、それに第一グループの豪華艇がヨット部ＯＢを乗組員にして参戦し競い合った。現在は、外洋レーサーを持っている大学ヨット部などほとんどないはずだ。

第三は、若者のヨットだが、その多くは大学ヨット部出身ではない。海好き、ヨット好きで高校ヨット部でディンギーを体験し、自力で外洋ヨットをもった人たちである。

いずれも小型だったのは当然で、金がないからほぼ例外なく一九か二一フィート、横山晃設計の〈Ｙ２１〉型が代表的ヨットだった。堀江謙一も第三グループの一人だった。

堀江と同じ一九フィート艇で、大西洋と太平洋を渡った鹿島郁夫もそうだし、牛島龍介の〈サナトス〉（二四フィート）、さらに二一フィート艇を自作して単独世界一周を達成してしまう青木洋がこのグループの代表的存在といえるだろう。

先駆者、林茂と〈コンパスローズⅡ〉

前にも触れた堀江謙一の盟友だった的形の林茂こそ、第三グループのフロンティアを拓《ひら》いた功績者である。彼はヨットとは縁遠い武蔵野美大出身で、〈Y21〉の〈コンパスローズⅡ〉を自作し、その顚末を雑誌『舵』に連載公開して〝安価な外洋ヨット〟への道を若者たちに説いた。そして〈コンパスローズⅡ〉を駆って堀江謙一とのコンビで関西のヨットレースで次々に優勝して、自作艇の性能を証明してみせた。

それればかりでなくこの自作艇で、前年（一九六三）に林が的形を抜けだして本州一周の旅にでていったことにも既に触れた。安価、性能に加えて、外洋ヨットとしての〝信頼性〟まで実証してみせたのだ。こうして〈Y21〉の自作が金のない若者たちに拡がるきっかけを作った。

関東はヨットの世界でも日本の中心であり、いまもその事情は変わらない。しかし、三タイプを見比べると、第三タイプに登場する血気盛んな若者たちが、いずれも関西のヨットだったことに気づかされる。日本の、そして世界のヨット海事史に残るような事績を創った人たちは立派なヨットオーナーでなく、大学ヨット部出身でもなかった。

〈アストロ〉は三タイプのどれに入るだろうか。

もちろん第一のお金持ちヨットや第二の大学ヨットでないのは当然だが、林や鹿島のような第三グループとも異質である。なにしろ定年退職して初めてヨットに乗った夫婦である。〈アストロ〉はこれら三タイプからもはみだしており、第四のリタイア型とでも呼ぼうか。

〈アストロ〉から五〇年経た現在、ヨット愛好者は神田たち同様にリタイアした団塊の世代中心になろうとしている。二〇一一年早春、日本一周など長期航海のセミナーに一〇〇名ものシニアが集まった。隔世の感があるが、〈アストロ〉は時代を半世紀も飛び越えていたのである。

遅すぎた出港

〈アストロ〉はゆっさゆっさ揺れながら房総半島の東側、外房《そとぼう》の港、安房《あわ》勝浦《かつうら》に潜んでいる。

油壺に一一泊し、浸水事故を起こした水深計もしっかり取り付け直してもらい、房総半島の野島崎《のじまざき》近くの千倉《ちくら》に二泊してから、五月二九日外房の大原に向かった。寒冷前線が接近したのだろう、急に黒雲が西からやってきて大粒の雨が降り出したので、勝浦に逃げ込んだ。次は銚子まで進むつもりだが銚子までは五一マイル、ここでも出港の機会をつかみかねて滞在が長くなった。

六月五日午前四時三〇分、並んでいた漁船がばたばた出港を始めた。夜明けが早いからもう陽が山を照らし始めている。空は晴れて波も静かだ。

「出よう」、壱雄も漁船に追われるように決心して、大急ぎで出港準備を始めた。結局、勝浦に七泊した。岸沿いに北上し、大原の先にある太東崎《たいとうざき》を一〇時に通過、ここで針路を北東方向の犬吠崎《いぬぼうさき》に向けた。

朝、大急ぎで準備したつもりだったが二時間半もかかり、出港が七時になった。真佐子は急ごうと言われ、急いで朝食の支度にかかったが、壱雄も「海にでてから食べればいい」などと急がせたりしない。朝食抜きだったら一時間半は時間を稼げていた。七泊も勝浦で待機しながら一一マイル先の大原に移動もしなかった。

この朝、〈アストロ〉は勝浦から大原の北の太東崎まで四時間かかったから、出港までの支度と大原までの都合五時間がやがて大きなツケになって返ってくることになる。この間の平均速度は四ノット弱だった。風は弱かったが、北東風の下、メインセールだけで走った。〈アストロ〉の二人には、遠州灘越えの時の慎重さがこの日は少し見られなかった印象を受ける。

九十九里海岸から遠ざかり周囲は海ばかり、船影もみえず、方位だけを信じてひたすら北東に向けて進んだ。

「あと六時間、午後四時には犬吠崎に着くから」

なんとなく不安げな面持ちの真佐子を元気づけるように、壱雄が予定を話した。

昼を過ぎて雲が増え、すっかり視界も悪くなった灰色の海を見つめながら、真佐子は壱雄に話しかけた。

なにか話し続けていないと変な幻想に襲われて、どこかにふらふら行ってしまう、そんな不安が次第に強まった。去年の四国一周の思い出に始まって、油壺で中学生に天体望遠鏡を見せたこと、ＮＨＫのスタジオ、次々に思いつくまま壱雄に話しかけて時間が過ぎるのを待った。壱雄は、時々相づちをうちながら黙然と舵棒を握って前を見続けている。

壱雄も不安に襲われていた。理由がわからないものの、予定よりも大分遅れているように感じていた。お弁当は作れなかったから、二人は残っていた菓子パンをかじってしのいだ。

犬吠崎はまだか

約束の一五時を過ぎてようやく犬吠崎の西、屛風《びょうぶ》ヶ《が》浦《うら》の海岸らしい崖が薄く見え始めた。北東からの四～五m／秒の向かい風の中、しぶきを跳ね上げながら走り続けている。

一七時になったが、犬吠崎はまだはるか遠くに見えたまま、近づいてこない。

「もうすぐ、日が暮れる」

真佐子はこの言葉を声にだすのも恐ろしく、飲み込んで心の中でつぶやいたが、もう壱雄に問いかける勇気もなかった。壱雄は身動きひとつせず、じっと前をみつめて座っている。

一七時四〇分、犬吠崎の西側にある外川《とかわ》漁港の灯台前まできた。が、〈アストロ〉はそのまま犬吠崎をめざして進む。外川港は、『港湾案内』にも掲載されており、江戸時代から犬吠崎を越えられないときの避難港として知られる港である。

「あと五マイルぐらいだ、一時間少しで入れる」

外川が遠ざかり始めたとき、壱雄が言ったひとことに予定が大きく狂った事情が隠されていた。つまり、壱雄は時速五ノットで計算して、暗くなる前に入港できると期待していた。しかし、現実の船速（対地速度）は銚子入港時刻から逆算してみると、〈アストロ〉は三・五ノットしかでていなかった。この日は逆風、逆潮のために船速が落ちていたのである。

六月五日の日没は一八時五〇分頃だから、まだ三〇分ほど明るさが残るはずだが、あいにく重く雲が垂れこめ一八時を回るともう薄暗くなった。黙って、二人はヘッドランプの用意をした。いよいよ、初めて暗闇の中で見知らぬ港への接近に取りかからなければならない。

ピカッ、ひときわ明るく輝く犬吠崎灯台を左にみて通過した。そして、銚子港の灯台が見え始めると、やっと壱雄が口を開いた。

「もう少しだぞ」

真佐子に向かってというよりも、自分を必死に励ましたのだろう。真佐子の目には、針路を信じて自信をもって走り続けているように見えたが、実は、壱雄は精も根も尽き果てて、とにかく犬吠崎を越えたい、そして銚子に入る、この一語をひたすら唱え続けていた。夜になっても銚子に帰港を急ぐ漁船が絶えなかったのが幸運だった。漁船の灯りを追いかけて、〈アストロ〉は銚子港に無事にたどり着くことができた。港口正面にある物揚場岸壁にまっすぐ近づいて留めたのは午後八時だった。

壱雄、倒れる

お腹がすいた。若い真佐子は疲れ切ったと思っていたのに、着いてみると空腹だけが残った。外食に行くことにして二人は疲れた身体にもうひと鞭《むち》入れて歩き出した。

疲れ切った航海のあとは、とにかくすぐ寝ることが本当は大切だ。菓子パンでもビスケットや乾パンでもいい。具のないインスタントラーメンでもいい、とりあえず空腹をいやして、温かいお茶か味噌汁だけでもすすって早く休息する。それが予想外の困難に出遭った後の処置であるのは、山でも海でも同じである。

外食をねだる真佐子に「ありあわせのものを食べてすぐ眠りたい」、このひとことが言えない壱雄だった。〈アストロ〉には、インスタントラーメン一袋も積んでいなかった。非常食を用意するという知識もなかったが、インスタントラーメンは壱雄が好きでないからという理由で、真佐子は一度も買わなかった。

漁港の夜は早い。夜九時に港周辺にあいている店などなかった。二人は明かりの消えた町を三〇分もさまよって、やっと一軒だけ明かりのついていたラーメン屋に入った。

やっとありついた夕食だが、二人とも食が進まないのは、疲れすぎていたからだ。そのとき事件が起きた。

「ちょっと横になりたい」

壱雄が言って、椅子を並べてそこに寝ころんだ。顔から血の気が失せて、腕がだらんと椅子から落ちてぶらさがった。あわてて手首を取って脈をみると、もうほとんど脈が触れてこない。

「大変です、すぐお医者さんを呼んでください、すぐ」

取り乱して、真佐子は店の人にすがりつくように繰り返す。壱雄の目は、空をつかむように吊り上がって意識もなくなった。店のご主人が奥の座敷に布団を敷いてくれ、壱雄を担ぎ込んで寝かせた。

夜遅かったが、往診に来てくれた医師は、極度の疲労で倒れ貧血もひどいので安静に。それ以外にとくに悪いところはないと安心させてくれた。お店の人も深夜一二時まで、そのまま休ませてくれた。

夜中、やっと船に戻り、静かに眠る壱雄の寝息を聞きながら、船の小さな窓に明るさが戻ってくるまで、真佐子は心配で眠ることができなかった。

とにかく安堵した。が、この先壱雄が倒れることがあれば万事が終わりだと気づいてゾッとした。普通の生活よりも病気であれ怪我であれ、事故に遭う危険は何倍も多いだろう。しかし、この小さな事故に直面するまで、そんな日が来るかもしれないなど思ってもみなかった。あれこれ思いを巡らしているうちに、倒れるまで「疲れている」のひとことも言わない壱雄も腹立たしい。

「まるで子どもみたい」

そう口にしてみて少しわかってきた。夫は子どもだと割り切ればいい、何日も動けなかった由良の港でも母親が出港を決めてくれるのを待っていたのかもしれない。

津軽海峡

若い仲間たち

六月一一日、大勢の人に取り囲まれて過ごした銚子を離れる日が来た。四時一五分起床、前夜、二食分のおにぎりを用意したから、朝の支度はお茶を魔法瓶に詰めるだけだ。真佐子は勝浦での失敗を教訓にして、朝の支度を手早くするようになっていた。

茨城県那珂湊《なかみなと》は那珂川《なかがわ》の河口にある港で、波が悪いと聞いたので慎重に近づくと、河口から一隻、猛スピードで走ってきたのは巡視艇〈あたみ〉で、〈アストロ〉を迎えにきたのだった。巡視艇に先導されて港に近づくと、もう少し大きい巡視船〈はつかぜ〉も現れ、〈アストロ〉は前後を巡視船二隻に守られて那珂湊に入港した。銚子滞在中にＮＨＫの人気番組〈私の秘密〉に出演し、すっかり有名になった〈アストロ〉は、どこでもＶＩＰ待遇になっていた。

六月一三日、北東の風が続き、真向かいから吹きつけてくる風の中を、〈アストロ〉は苦しみながら進んでいた。那珂湊の次は福島県の小名浜《おなはま》を予定しているが、久慈《くじ》まで四時間もかかったところで、この調子では小名浜まで行くのは無理かもしれない、そう見切って早い時刻だが久慈に入った。銚子入港が夜になった体験が身にしみていた。

その夜、岸壁に停めた車がヘッドライトを〈アストロ〉に向けて照らし、「神田さーん」と呼ぶ声が聞こえた。壱雄がテンダーで岸に行ってみると、小名浜から〈アストロ〉を探しにきた若者四人だった。壱雄は四人を〈アストロ〉に招き、もう二二時になろうとしていたが、みんなで話し始めた。

テレビや新聞を見て、小名浜にもう現れるのではと思って待ち続け、昨日もヨット〈バイプレイヤー〉で、沖に出て何時間も待っていたという。小名浜を通過されやしないかと心配になって、仕事を終えてから久慈まで探しにきたのだった。稲葉眞平をリーダーに小野孝治ら七人で、三カ月かけてＹ２１型〈バイプレイヤー〉号を自作して、この三月に小名浜ヨットクラブを結成したばかりだとわかった。

ちょうど一年前、林茂が自作艇〈コンパスローズⅡ〉を駆って、小名浜に寄港した。そのとき、稲葉たちは林の船を穴があくほど見つめ林を質問攻めにした。そして、林から建造方法を教えてもらい、激励されて建造に踏み切ったのだ。

お金のない若者が、自作でキャビン付き外洋ヨットを持てることを実証してみせたのが林だが、はやくも林に続く若者がでてきたのである。その夜、真佐子は日記に、

《この航海を続ける本当の喜びを見つけた。向かい風ばかりが続いても、ここは〝仲間〟のいる海だ》

小名浜に入ると、待ち受けていた稲葉たちの大歓待を受けた。〈アストロ〉の入港前、小名浜でもかなり大きな地震があったと聞かされ、海上にいた〈アストロ〉は気づかなかったが、それが大被害をもたらした新潟地震だった。

〈バイプレイヤー〉は自作とは思えないほど仕上げの丁寧なしっかりした船で、船材を買ったのでなく、自分たちで山から木を切り出すところから始めて、作り上げたヨットだった。

そして六月一七日、稲葉、小野、岡山の三名が〈アストロ〉に同乗して小名浜から四倉《よつくら》まで航海することになった。

三人は、お弁当や飲み物をたくさん持参してはしゃぎ回った。

出港すると、交代で〈アストロ〉を操船しては意見を戦わせた。三人とも二一フィートの外洋ヨットを造ったとはいえ、本格的な外洋ヨットに乗るのは初めてだ。その間にも、操船の手を休める者は〈アストロ〉の擦りきれた舫いロープなど、傷んだロープ類を次々に補修してくれた。

松島湾の塩釜《しおがま》でも待ちかまえていた小島長寿たちに大歓迎された。小名浜の稲葉が小島に電報を打っていたからだ。小島は、宮城県代表で国体ヨット競技に出場し、四位に入賞した仙台きってのディンギー（キャビンのない小型ヨット）乗りだ。そこへ小野寺篤と菅野徳衛も加わり、〈アストロ〉に同乗して、仙台湾を突っ切って牡鹿《おじか》半島先端にある鮎川《あゆかわ》まで行く約束が整った。乗るのは小島と菅野。なにしろ小島は日本有数のディンギー巧者だから、〈アストロ〉を小気味よく走らせる。壱雄と真佐子はにこにこしながら、お客さんのように見学して乗っているだけだ。

小島たちは本格派の外洋ヨットが忘れられず、岩手県の大船渡《おおふなと》に列車でもう一度やってきて、釜石《かまいし》までの外洋航海も体験した。

ヤマセの津軽海峡

下北半島突端にある尻屋崎《しりやざき》もなにごともなく回り込むことができて、津軽海峡入り口にある大畑《おおはた》に七月一六日入港した。もう目の前には恵山《えさん》が聳える北海道が横たわっている。

「嫌なところですよ、あそこはいつも三角波が立っている」

「この船で津軽海峡をねえ、渡れるかねえ」

「最高で七ノットで東に流れるからね。あそこが渡れたら日本沿岸どこも怖いところなんかないですよ」

大畑の前に寄港した白糠《しらぬか》でヤマセが収まるのを待つ八日間、海上保安部の人たちも漁師たちも、口々に津軽海峡のことを話し、ヤマセの怖さを教えられた。そんななかで八戸《はちのへ》海上保安部の高島という保安官だけが、

「絶対大丈夫。案ずるよりも産むが易しですよ。波はありますが越せないことはないですから」

元気づけてくれた、その言葉を頼りにした。

七月一七日五時に起床し、六時一〇分に大畑港を出ると、夜の操業を終えて次々に帰ってくるイカ釣り漁船がすれ違いながら、

「ヤマセだぞお、気をつけろっ!!」

何隻もの船が〈アストロ〉にひとこと投げかけて、港をめざし走り去った。

前夜の天気予報では、海峡は波高〇・五m、南東の風四〜五m／秒と言っていたが、今朝一番の予報では、日本海に前線ができて天気は下り坂になると変わっていた。前日の和《なご》やかさはもうなくなって、港の外はうねりも波も高まり東の低い空は不気味な真っ黒な雲に覆われていた。

「とにかく大間《おおま》まで行ってみよう、荒れるようなら大間に入ればいい」

壱雄がそのまま進むことを決め、おそるおそるメインセールを揚げ機帆走で岸沿いに西に向かった。テンダーは前部デッキにあげてある。

風が南東に変わって追い風だし、言われていたような逆潮もあまり感じないまま、予定より三〇分も早く大間崎の手前まで来ることができた。大畑から大間までの下北半島は湾曲しているので、岸沿いは津軽海峡の海流が反流になって東から西に緩く流れているが、壱雄はそれを知らなかった。

大間崎を左にみて、すぐ沖にある弁天島の灯台にさしかかったとき、突然、海が変わった。巨大な三角波が山のように盛り上がって、〈アストロ〉めがけて砕けてかぶさってくる。そして、何隻も見えていた漁船が一斉に大間港に逃げるように去って行った。波にたたかれて大きく傾き、強い潮の流れに抗って舵をめいっぱい切ったままにしても、西に舳先は向かない。すぐ北に回され、東に流されてしまう。

これが津軽海峡なのか、ヤマセなのか。初めて二人は気づいたようだった。

壱雄はもう必死だ。はやく大間港に船を向けたかったが、波と潮に翻弄されてどうすることもできない。かといって大畑に戻ろうとすれば、ヤマセの風に正面からたたかれてしまう。進むことも退くこともできなくなった。

「このまま函館に行こう」

函館方向へは、追い風だし、波に正面からたたかれなくて済む。〈アストロ〉は北西に針路をかえて走り始めた。

メインセールはリーフ（縮帆）もしていないが、もうマストの側に立ってセールを縮める、そんな作業をするゆとりはなかった。とにかく東に流されないように必死に舵を左いっぱいに切って、針路を北西に守った。風がさらに強まった。

突風に押されて〈アストロ〉は横倒しになりながら、東に舳先が回ろうとする。しばらくして持ち直すと今度は西に振られる。何度もなんども、そんな蛇行を繰り返した。そのたびに、ブーム（帆桁）は左から右に大きく走り、また右に戻るワイルド・ジャイブを繰り返した。ヨットにとってとても危険な操船だった。

真佐子は恐怖が体中いっぱいに拡がるのを感じた。それを声に出してしまえば心の支えが切れてしまうようで、ひたすら黙って時間が過ぎるのを耐えた。実は、壱雄も舵棒にしがみついて、北西に、北西にと自分に言い聞かせるしかなかった。

どれぐらいの時間がたっただろうか、前方にかすかに黒い影が見えたように思った。一隻の船も残っていない津軽海峡を〈アストロ〉は大きく傾きながら走り続けた。それから一〇分も

津軽海峡だって大丈夫、と勇気づけてくれた八戸海上保安部・高島さんが一家で見送りにきてくれた。八戸で

たつと、黒いシミがまぎれもない北海道の陸だとわかった。

近づいていくと、なんとそれが函館山だった。

潮に流される分を見込んで北西に向かって必死に走った結果が、ピッタリ函館山になったのだ。正午過ぎ、函館山を右にみて函館湾に入ると、波がおさまって平らな海になり、次いで風も落ちた。函館漁港の片隅に係船できたのは一二時五〇分だった。

翌七月一八日が真佐子の誕生日なので一日繰り上げのお祝い、それに北海道到着のお祝いもかねて、その夕べ、二人はレストランでビーフステーキを注文したが、疲れ過ぎていたのだろうか、あまり食がすすまなかった。

ミズン・マストが折れる

「ドシーン、バリバリバリ」

すごい音と衝撃。〈アストロ〉が身震いして揺れ、壱雄が血相かえて飛び出していった。

まだ朝早い時刻で、真佐子は寝床で漁船が近づく音を聞くともなしに耳にしていた。エンジン音が大きくなり、隣に係船するのかなあと思った時、大音響で船が激しく振動した。大きな漁船が〈アストロ〉にのしかかるように後ろからかぶさって止まり、ミズン・マスト（船尾の小型マスト）が途中でぽっきり折れてしまった。

不幸中の幸いというのだろうか、他には船体もメイン・マストも異常なかった。もし、漁船が斜め横から衝突していれば船体も大きく傷つき、サイドステー（左右からマストを支えるワイヤー）を引っかければメイン・マストが倒れていたかもしれない。そうなると、航海中止に追い込まれるところだった。

漁船は前日にも、船が止まらず岸壁に船首を接触させたという。船と車の一番の違いは船にはブレーキがないこと、船が停船するときはプロペラを逆回転させ、後進させてブレーキをかける。どうやらその操作がうまくいかなかった様子だ。船は根室の〈北進丸〉だった。

周囲の船から大勢の船員が集まり、造船所の大工さんもかけつけてきたが、マストの特殊な構造をみると、函館では修理できないとさじを投げた。マストは結局、的形の奥村ボートで作り直して、日本海のどこかの港で取りつけることになった。

〈アストロ〉の船型は〈ヨール〉という二本マストで、幸いにも折れたのは船尾の小型マストだから、メイン・マストだけで十分帆走できるので、これからの航海に大きな支障はなさそうだ。二日後、根室から船主の飯沢謙治もかけつけて、和やかに〈アストロ〉修理の話もまとまった。これが縁になって壱雄と真佐子は飯沢と手紙のやりとりを続け、三年後に根室で再会することになる。

第四章　波のまにまに

（本州一周の旅2　日本海）

霧深い函館を発つ朝、ヨット部の高校生たちがディンギーで見送りに現れた。<アストロ>が3艇を曳いて港外へ

本州一周２　1964年（昭和39）7月27日～11月26日

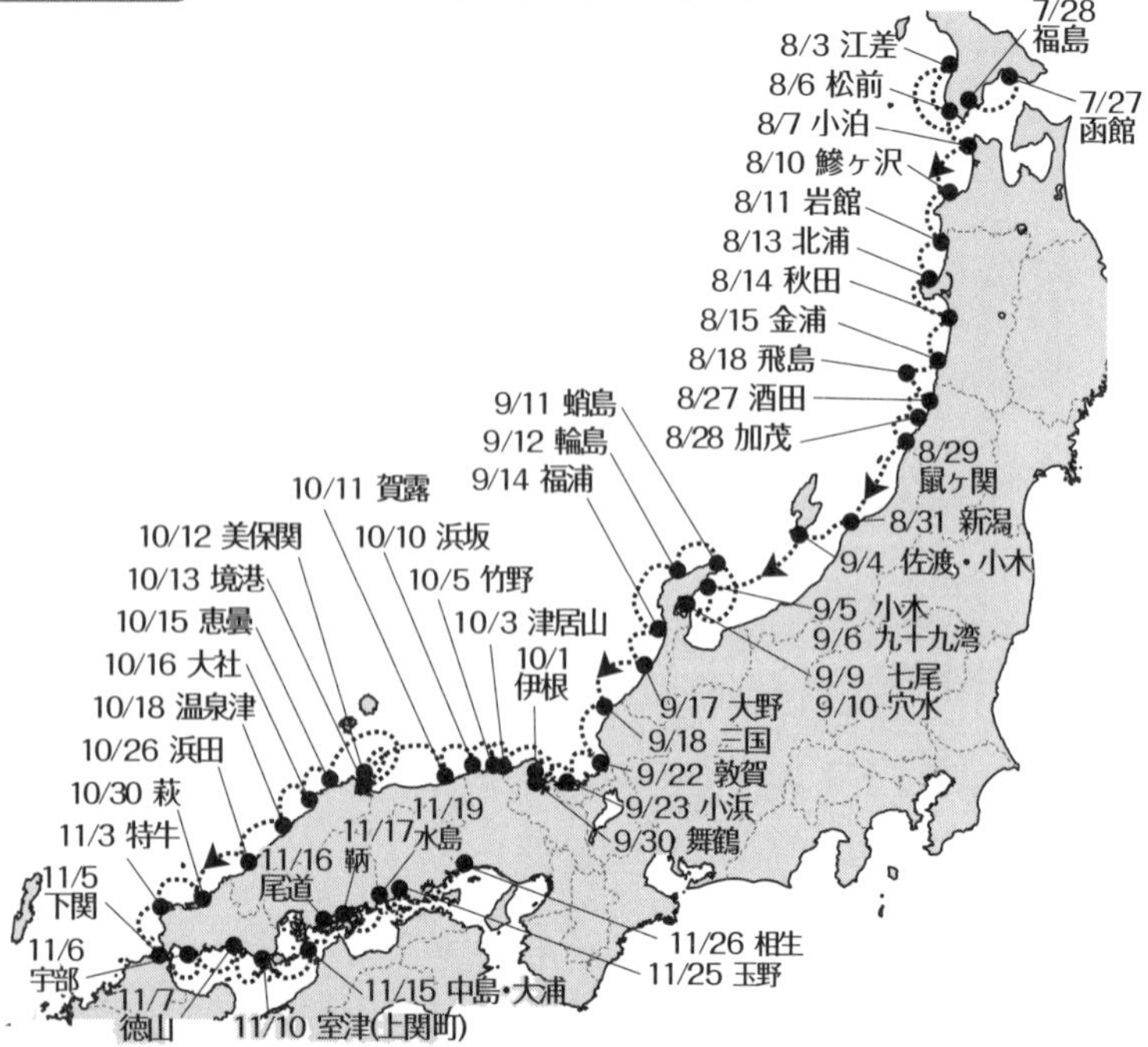

月	日	出港地	入港地	滞在日数
7	27	函館	福島	
	28	福島	江差	6泊
8	3	江差	松前	3泊
	6	松前	小泊	
	7	小泊	鰺ヶ沢	3泊
	10	鰺ヶ沢	岩館	
	11	岩館	北浦	2泊
	13	北浦	秋田	
	14	秋田	金浦	2泊
	15	金浦	飛島	3泊
	18	飛島	酒田	9泊
	27	酒田	加茂	
	28	加茂	鼠ヶ関	
	29	鼠ヶ関	新潟	2泊
	31	新潟	佐渡・小木	4泊
9	4	佐渡・小木	小木	
	5	小木	九十九湾	
	6	九十九湾	七尾	3泊
	9	七尾	穴水	
	10	穴水	蛸島	
	11	蛸島	輪島	
	12	輪島	福浦	2泊
	14	福浦	大野	3泊
	17	大野	三国	
	18	三国	敦賀	4泊
	22	敦賀	小浜	

月	日	出港地	入港地	滞在日数
9	23	小浜	舞鶴	7泊
	30	舞鶴	伊根	
10	1	伊根	津居山	2泊
	3	津居山	竹野	2泊
	5	竹野	浜坂	5泊
	10	浜坂	賀露	
	11	賀露	美保関	
	12	美保関	境港	
	13	境港	恵曇	2泊
	15	恵曇	大社	
	16	大社	温泉津	2泊
	18	温泉津	浜田	8泊
	26	浜田	萩	4泊
	30	萩	特牛	3泊
11	3	特牛	下関	2泊
	5	下関	宇部	
	6	宇部	徳山	
	7	徳山	室津（上関町）	3泊
	10	室津（上関町）	中島・大浦	5泊
	15	中島・大浦	尾道	
	16	尾道	鞆	
	17	鞆	水島	2泊
	19	水島	玉野	5泊
	25	玉野	相生	
	26	相生	的形	

星の観望会は大盛況

高校ヨット部の生徒たち

函館は雨が多かった。四月、五月も周期的な天候の繰り返しというよりも、日和待ちの日が多かったし、どうやらこの年は天候不順が続いた年であったのかもしれない。七月も下旬になったので、壱雄と真佐子は北海道一周は到底できないと諦めた。

この当時、函館の中心は十字街で、交差点の角に北海道の老舗・丸井今井百貨店があって、港から十字街へは徒歩でも五分ほどだった。いまは内陸部の五稜郭《ごりょうかく》地区に大型店が集中し、百貨店もそちらに移転している。

七月二四日、ラジオがようやく本州の梅雨明けを告げ、からりと晴れ上がって函館も蒸し暑くなった。練習帰りの高校ヨット部の生徒たち、男子二名、女子六名がやってきた。

「風が強かったから、何度も沈《ちん》した」（転覆して海に投げ出されること）と言い合って笑い合い、若さがはちきれそうだ。キャビンにはいると女の子たちは歓声をあげた。

「私がこんな船持っていたら日本にいないわ、とっくにどこかに飛び出しているわねえ」

「お父ちゃんにねだろうかしら」

「ねだったって、うちならシャックル（金具）一個しか無理よ」

そのたびに、みんなできゃあきゃあ騒いで、キャビンの酸素がなくなってしまいそうなほどエネルギーが充満した。

七月二七日、〈アストロ〉が福島をめざして出港する朝、この子たちが見送りにきてくれた。霧の深い朝だったが、六時過ぎに霧の中から女子生徒二人がディンギーで現れた。そして、出港準備が整いエンジンをかけたところに、さらに七人が二艇に分乗して来てくれた。

風が弱くて動かないので、ディンギーに一人ずつ乗り、あとの六人を〈アストロ〉に乗せて、カルガモ親子のように〈アストロ〉がディンギー三艇を曳きながら防波堤をでていく。そして、港外でディンギーの舫いロープを解いて〈アストロ〉は西へ向かった。

〈アストロ〉がメインとジブ・セールをいっぱいに張って走り始める。高校生たちは波間に漂いながら人影の見分けがつかなくなるまで、いつまでも手を振り続けてくれた。

漁師の見立ても当てにならない

北海道側の岸沿いに津軽海峡を西に抜けて、〈アストロ〉は江差まで北上してから、折り返して松前に戻った。

八月三日、北海道に来て初めて美しい星空を仰ぎ見ることができた。天の川が頭上を南北に太く流れ、闇が深まるにつれて白鳥座、琴座、鷲座も輝きを増してくる。そして南には蠍《さそり》座、射手座、その下に蛇つかい座の長い星座もはっきり眺められた。フォーマルハウトが南の空低く、ひとつだけぽつんとさびしげに輝いている。

フォーマルハウトは南の水平線近くにある秋の星座〝みなみのうお座〟の一等星だ。初秋、カシオペアが天空高く昇るころ水平線近くにある。低い位置の星座なので陸では靄《もや》も多いし建物や山陰になって滅多に見ることができない星である。

夜更けて銭湯からの帰り道、壱雄と真佐子は夜空を見上げ、宇宙の神秘について語り合っていた。津軽半島の龍飛崎《たっぴざき》灯台の灯だろうか、何秒か間をおいては一瞬、ピカッと光った。

夜半から吹き始めた風は、朝になってもやまない。港内に波も入ってきて〈アストロ〉はよく揺れている。向かい風でないからたいしたことないだろうと思って、壱雄は出港準備を始め

た。壱雄が出航準備をしているのに気づいた漁師二人がやってきて、

「今日はひどく吹くぞ。ヤマセは日が昇って晴れると余計に吹きだすから」

それを聞いて、壱雄はすとんと力を落として準備の手を止めた。防波堤の突端にくっついている弁天島に登って津軽海峡を眺めても、それほど荒れるようには見えなかったが、大畑から函館に向かった日の記憶が鮮明に残っているから、漁師の言葉に逆らう勇気はなかった。

八月五日、風もやんだ様子だがラジオでは風波が高いといっているので、どうしたものだろうと迷っていると、隣の漁船の人が「今日もよくない」と言う。南西の風になって雨になるだろうとのこと。その言葉に従って今日も出港を取りやめた。

また朝がきた。夜明け前、ざあっと強雨の音がしていたが、もうやんでいる。寒冷前線が通過したのだろう、そのあと天候は回復するとラジオが伝えるのを聴き、今日こそはと勢いよく起きた。

ところが、また人がきて「今日はとても出られない、無理だ」と言う。しかし、二人はこの三日間、おせっかいに少し不信感を抱くようになっていた。

好意で言ってくれる人たちは、誰もがヨットなど初めて見る人で、ヨットの性能や特徴など何も知りはしない。こんなにちっぽけな船でと思い、漁船は大丈夫でもヨットじゃあ、そう思って言っているように思われた。

丘の上にある航路標識所を尋ね、ちょうど無線で送られてきた青森県の津軽半島北端、龍飛崎灯台の最新情報を見せてもらった。〈龍飛崎、西風風速一二m、波高二m以内〉。

急いで港に戻り出港した。八月六日一一時一〇分だった。この港をとにかく出たかった。そして津軽海峡を離れたい。龍飛崎灯台は海上三〇m以上にあるから、風は海面では風速一〇mを下回っているだろうと想像し、それを期待した。

津軽半島の根元にある鰺ヶ沢《あじがさわ》を予定していたが、出発が遅いので松前から二〇マイルの小泊《こどまり》をめざした。この港は龍飛崎の南八マイルにある江戸時代からの良港だ。

沖に出るとうねりはあったが、風は風速四～五mぐらいでホッとする。松前から小泊をまっすぐ狙うなら針路一六〇度ぐらいだが、津軽海峡の強い潮を見込んで方位一九〇度に向けた。二人は言葉も交わさず黙って海を見続けた。

二時間が過ぎて龍飛崎が薄く影を現したとき、〈アストロ〉は岬から数マイル西側を走っているとわかり、もう龍飛の東に流される心配はなくなった。小泊港に入るとムッとするほど蒸し暑くて、本州の夏に戻ってしまった。

翌日は、深浦《ふかうら》をめざしたが途中で向かい風が強まったので、昼過ぎに鰺ヶ沢に入る。次の日も深浦まで足を延ばそうと出港準備をしていると、ここでも漁師が一人やってきて、

「今日は相当吹くから無理だぞ」

岩木山の東側に白い雲が一筋出ているのを指さして、その雲は風雲で、南西の強風が山にぶつかってできる雲だから、南西方向の深浦に向かうのは危険だと説明してくれた。

松前で漁師のお節介にムッとした二人だが、鯵ヶ沢のこの人の説明はとても説得力のある印象だったので、お礼を言って準備を取りやめた。

無風だった港に、九時を過ぎると西風が当たり始めた。そしてあっという間に海は真っ白に波立ってしまった。その土地、その海にだけ通じる昔からの観天望気の確かさを教えられた思いがした。

星の観望会、やっと実現

〈アストロ〉は能代《のしろ》湾を渡り、男鹿《おが》半島を越えて順調に日本海を南下していた。八月一四日入港した金浦《このうら》は、象潟《きさかた》の近く、山形県境にもほど近い秋田県南端の港だ。

『港湾案内』（日本水路協会）に、水深の浅い港とあったので慎重に入っていったが、夏前に襲われた新潟地震の影響で、この港は水深が深くなってしまったそうだ。

漁協前の岸壁に横着けさせてくれ、水道も目の前にあり銭湯もすぐ近く、目の前の岸壁上では炭火の周りで串刺しにした魚を焼きながら売っている。これがほんとうにおいしい。それにカキがいっぱいある。カキは冬のものかと思っていたが、ここでは天然の岩ガキが夏に獲れるそうだ。これを目の前で割ってくれて一個一〇〇円。

さっそく、カキと焼き魚で夕食にしたが、大人も子どももみんながハッチや窓から覗いているなかで食事をするのは、いつものことではあってもやはり落ちつかない。

翌八月一五日朝、今日は敗戦後十九年目になるが、この町では多くの家が半旗を掲げていまも戦争犠牲者を哀悼している。こういう日に訪れなければこの町の人たちのこころざしに気づかないまま通り過ぎてしまっただろう。大阪ではそんな光景は見たことがないので心に刻みたいと思った。

夕食後、上弦の月もくっきり見られそうなので、天体望遠鏡をだすことにした。岸壁に横着けしているから、望遠鏡を危なっかしくテンダーに積み込んで運ばなくて済んだ。前触れもせずに用意して、何人ぐらいの人が来てくれるかどうか心配だったが、夕闇が迫るころ、夕涼みがてらに大人も子どもも次々に集まってきてくれた。

月はきれいにレンズにその姿を映している。そして、口コミで星の観望会のことが流れたのだろうか、どんどん人が増えていった。子どもよりも大人の驚きといったら想像以上だ。

「ふーん、これが月ねえ、これがよお」

月のあばた面にびっくり仰天した顔。

「なんとまあ、あれー」といって、後は言葉にならない人もいる。周囲が暗闇になり月の輝きが冴えるにつれて、人々の感動も最高潮に盛り上がった。みんな真面目に観て、素直に感動してくれた。四月に的形を出るとき、観望会のことが新聞に大きく取り上げられたが、やっとその約束をささやかだが果たすこともできた。望遠鏡はかさばるし、湿気と塩気が大敵なのに、船内はいつもじとじとと潮気たっぷりの湿気に覆われて

念願がかなって星の観望会を開いた。
子どもたちと壱雄と真佐子、酒田で

いる。手入れが大変だった。

夏のある夕べ、どこからかやってきたヨットが望遠鏡を持ち出して月を見せてくれた。そのことがきっかけになって、天文に興味を持つ子どもが一人でもいてくれたらどんなにすばらしいことか。

このあと酒田でも観望会を開くことができた。酒田では、NHKテレビが〈アストロ〉入港を午後七時のニュースで流してくれた前宣伝もあったから、人混みのような観望会になった。なかに天文好きの高校生がいて、土星をつかまえ、アンドロメダも見つけて大喜びしてくれた。星空を見せたいという壱雄の念願はやっとかなったが、天体望遠鏡を持ち出した星の観望会はこの二回だけで終わった。

船長はクビですね

〈アストロ〉は冷蔵庫を積んでいない。当時、ヨットに電気冷蔵庫など夢物語だったが、昭和三〇年代では電気冷蔵庫は一般家庭でもまだ高嶺の花だった。

壱雄と真佐子の自宅にも冷蔵庫はなかったから、最初から冷蔵庫のことなど思いつかなかった。どの家でも魚肉など生鮮食品は、その日の献立分だけを買うのが当たり前だった時代である。

真夏の航海でも事情は同じで、魚は港でその日に揚がってきた魚を買い求めるだけだから、港に店がないとたちまち食材が枯渇してしまう。そのかわりいつも新鮮な魚を食べていた。

八月二九日、新潟港に入っていくと、埠頭の大きな建物の屋根が押しつぶされて崩れたままだし、新潟地震の被害が想像以上に深刻な様子を目の当たりにした。

酒田、鼠ケ関《ねずがせき》でもいっしょになった海上保安庁の海洋調査船〈海洋〉が、朝、追い抜いて行ったが新潟港に停泊していて、横着けさせてくれた。〈海洋〉は新潟地震で隆起したり、逆に陥没して深くなった水深など、海底状態を調査し海図の修正をしている。

〈海洋〉のデッキから〈アストロ〉を見下ろしていた人が、修繕袋をもって〈アストロ〉に降りてきた。そして、擦りきれたまま放置している舫いロープ、いまにも切れそうな防舷材の細いロープ、これらを次々に点検しては新しいロープに交換し、擦れて傷んでいるところをスプライス補修して回ってくれた。

それらは真佐子が前々から気になって何度も壱雄に言い続けてきたことだったが、壱雄はのらりくらり、聞き流して補修も交換もしようとしなかったもので、真佐子は恥ずかしくて仕方ない。

「もう船長はクビですよ、ねえ奥さん」

手を休めず、にこにこ笑いながら〈海洋〉の乗組員が真佐子に話している。壱雄はそばで照れくさそうにニヤニヤ笑って見ている。

伊豆大島沖で牽引ロープが切れてテンダーを流したことがあったが、実はそのあと、外房の勝浦港で停泊中にも南から打ち込んでくる波でロープが切れて、またテンダーが流された。大島で傷んだ細いロープが切れたあと、壱雄はロープを取り替えず切れた箇所を捨てただけで済ませたのだ。真佐子は次々に思い出していた。小名浜から四倉へヨット好きの若者が同乗したとき、一人はその航海中ずっと〈アストロ〉のロープ補修をしてくれた。塩釜のヨットマンも同じように傷んだ箇所を補強してくれた。

それなのに、船長の壱雄は一度も補修しようとしないし、擦りきれても新しいロープに交換しようともしない。余程不器用なのだろうかと思った。〈アストロ〉が持っていたロープは、舫い用とアンカー用はビニロン、細いロープはビニロンかナイロンだったようだ。舫いロープは岸壁の角に当たればほんの二〇〜三〇分で簡単に擦り切れてしまう。

強運の船

能登の秋祭り

九月四日、佐渡島南端の小木《おぎ》からまっすぐ西に富山湾を隔てて五五マイル、能登半島の小木をめざす。能登と佐渡とどちらにも同じ小木の港が向き合っている。

遠州灘越えに次ぐ長距離航程だが、淡々と気負うこともなく二人は港を離れていく。視界があまりよくないから、小木をでて三〇分もすると佐渡は煙って消えてしまい、灰色の海をみつめながら真佐子は一時間がたつとその一時間の無事を「ああ、よかった」と安堵し、また次の一時間が無事に過ぎるのを待った。

厚ぼったい雲を割って突然、能登の山々が横に長く立ちはだかるように現れた。そしてぐんぐん陸が近づいてきたとき、目的地の小木近くの沖合に〈アストロ〉がいるとわかって大喜びした。視界が悪い中で、五五マイルをほぼ正確に走ることができたのだ。

七尾湾《ななお》で数日を過ごしてから能登半島回りを控えて、半島突端の禄剛崎《ろっこうざき》に近い蛸島《たこしま》の立派な港に入った。どの漁船も賑やかに大漁旗をいっぱい立てて今日が秋祭りだった。

港の上にこんもりした森がみえるのが金刀比羅宮で、森の方から太鼓の音が途切れ途切れに流れてくる。

港に人影はなかったのに、どうやってヨットの入港がわかったのだろうか、続々と人が集まり始め、〈アストロ〉はデッキといわず、キャビンといわず、沈みやしないかと心配になるほど見物客で埋まってしまった。

外からみる印象からは想像もつかない、キャビン内の設備に感心して驚き、建造費を尋ねて家一軒が建つぐらいの費用と知ると、二人の物好きさ加減にあきれる人もいる。

「こんな良い日によくきてくれた、ここのお祭りは能登一番の賑やかな祭りだから、ゆっくりしていってくれ」

まるで申し合わせたように、来る人来る人が喜んでくれた。

そこへ、どやどや男たちが大勢やってきた。

「ずいぶんかかりましたね、もうどこか遠くに行ってしまったかと思っていましたよ」

津軽半島の鰺ヶ沢で隣に休んでいた、能登から遠征してきていた漁船の人たちだった。

「あのヨット、どの辺りまで行っただろうかとよく話していたのですよ」

「あれからもう一カ月もたちましたよ」

そう声をかけられて真佐子も、

「本当にそうですね、あんなに暑かったのに、もう夜は肌寒くなってしまって」

名前も知らない者同士が、こんなにも懐かしく再会を喜び合う不思議さを、もったいないような気持ちでかみしめた。これも秋祭りのおかげかもしれない。

魚屋をのぞくと、見事な鯛がずらりと並んでいる。来る人、来る人、みんな大きな鯛を姿づくりにしてもらう。誰もが千円前後もする鯛をためらわず買い求め、それを現金払いでなく、帳付けする人が次々に大福帳に書き込んでいく。せっかくのお祭りだから、真佐子も奮発して二三〇円で小振りの鯛を買った。

道には切り籠《きこ》（巨大な御神灯）がならび、それを御輿《みこし》のように担いで練り歩く。女の子は振り袖に蝶々結びの帯を締めてお化粧をし、子どもは男の子も女の子も、赤い着物にタスキがけで、やはりお化粧をして進む。

夜になるとぐっと空気が冷え込んだが、いつまでも賑わいが続いて、お宮の太鼓は夜明け近くまで打ち鳴らされていた。

翌九月一一日朝、能登半島を回って輪島《わじま》をめざす日だ。七尾でも蛸島でも、壱雄はヨット見物に来た漁師に、「禄剛崎は大丈夫か」と何度も尋ねたが、何度聞いても「心配ない」と安心させてくれる返事はなかった。そうなると気になって仕方ない。

出航前に沖を双眼鏡でみつめると、水平線がギザギザで相当波が高いようにも見えた。東寄りの向かい風だが、禄剛崎を越えてからは針路が西に変わるから好都合だ、そう自分に言い聞かせてからようやく出港を決めた。

波を切り分けながら勇ましく〈アストロ〉は走った。そして、さほど荒れることもなく禄剛崎を回航することができ、輪島に一二時一五分入港した。

好意と貧しさ

輪島港は停泊漁船でごったがえしたような混雑だった。七尾でＮＨＫラジオ〈話題を結ぶ〉のインタビューを受けたが、その夜が放送の日だった。ラジオを通して語る自分たちに耳を傾けて過ごした。

お風呂屋さんにいくと、身体中真っ黒に日焼けした、がっちりした体格の女性が何人もいて、日焼けでいつも肩身の狭い思いをしてきた真佐子でも目を見張った。海女《あま》たちだ。

露店で干しアワビをたくさん売っていたが、夏の間、沖合の舳倉島《へぐらじま》へ海女稼業に出稼ぎにでて、九月に戻ってくる人が多いそうだ。

秋祭りの季節になったので、壱雄は焦り始めていた。夏の日本海は風も穏やかで波高一mない日も多いのだが、冬の日本海は大陸からの季節風で狂瀾怒濤の海に変わってしまう。秋が深まるにつれて海も一歩ずつ冬に近づき始めるから、あまりのんびりできないと気づいたのである。輪島には一泊しただけですぐ発った。

九月一二日、能登半島西端の猿山岬《さるやまみさき》を回航し、福浦《ふくうら》に入港した。ここは港が二股に分かれている良港で、〈アストロ〉はその一方の大澗《おおま》に入った。

食品店もない寂れた村で、銭湯は開く日に港に赤と白の旗が揚がるそうだが、今日は揚がらないので風呂に入れない。水が乏しくいつでも時間給水になっているそうだ。昔は福良《ふくら》といい、金沢の大野、金石などと並んで奈良時代から交易船が立ち寄った港で、江戸時代には北前船がよく利用したといわれる。

福浦の漁師は、どんなに海が荒れても出て行くという。それほど漁師の生活は厳しくて休むこともできない。午前〇時にでて、翌晩八時頃帰港して、また深夜〇時には出港するという。漁場までの往復六時間の間に交代で眠るだけだとも聞いた。

〈アストロ〉を見に来て、話し込んでいった漁師がいた。

「自分も〈アストロ〉のような生活をしてみたいですが、どんなにしても絶対できませんよ。いくら働いても食べていけないぐらいなんです」

淋しそうな表情で物静かに話し、船内を何度も見回していた。その晩、漁師はやはり午前〇時に出て行った。そして翌夕方、ひどい土砂降りになった頃、雨合羽から雨水をしたたらせながら〈アストロ〉にきてカレイ二匹、それに大きなエビをいっぱい、氷まで添えて渡してくれた。エビはお刺身がいいですからと教えてくれたが、そんな大切なものを、遊んでいる二人が「ありがとう」とだけ言って受け取っていいものだろうかと思った。

九死に一生、横倒しになる

能登半島を越えると、若狭湾まで直線的な遠浅の海岸が続くようになる。つまりこの間には自然の良港があまりない。

九月一四日、前日沖合を通過した低気圧は豆台風並みに発達して、韓国にひどい被害をもたらし、死者も相当でたとラジオが伝えていた。今日も無理だろうと思っていたら思いの外はやく天気は回復に向かい、海も静かになってきたと思われたので、八時五分出港し金沢の大野港に向かった。

風波から守られた自然の良港から眺めた海にだまされたのだ。

自然の良港とは、海が荒れても港内に波が打ち込まず、風当たりも弱い地形に恵まれた港を呼ぶ。そんな良港に避泊していると外海も穏やかになっているとつい錯覚しやすい。

伊豆大島の波浮《はぶ》がそうだった。港外にでてみて、高い波と厳しい向かい風にぶつかって〈アストロ〉は立ちすくんだ。しかし、壱雄は波浮に戻ろうとせず、それが大事故寸前まで追い込まれる原因になった。津軽海峡でもそうだったが、一度出港すると引き返そうとしない悪癖を改められないでいる。

沖にでるとうねりが高くなって、斜め後から〈アストロ〉を追ってくるようになった。遠浅の海岸に沖から大きなうねりが砕け波になって押し寄せていくのが眺められ、少し心配になった。

大野港の沖合までくると、防波堤にはすごい波がたたきつけてはしぶきを打ち上げ、遠浅の海岸には磯波が次から次に砕けながら押し寄せている。これでは入港は無理だと思い、すぐ先の金石港に回ってみると、こちらはもっとひどい有様で沖から見るだけでも恐ろしい。さあ困った。

福浦まで大野から二九マイル、もう一度福浦へ引き返しても明るいうちに入港できたかもしれない。しかし、引き返すには波と風に逆らって進まなければならず、たった三馬力の非力なエンジンしか持たない〈アストロ〉ではこれも大変だが、引き返すのがやはり一番安全だ。が、壱雄は引き返すことに思い至らなかった。

現在の大型港・金沢は、大野港の隣に人工的に作った港で、この年ようやく着工したばかりで港はまだなかった。

どうしていいかわからなくなった。あたりには一隻の漁船の影もなく、沖で待ち続けても波が収まっていくのか、逆にもっとひどくなるのかもわからない。

緊張と不安、恐ろしさで二人は身体がこわばるのを感じていた。しばらくして、うねりに翻弄されて舵も取りにくいけれど、壱雄は大野をめざして近づいていった。

「住吉さん、金比羅さん、塩釜さん、お願いします」

真佐子はキャビンに吊っているお守りの神様を呼んで、必死に助けを求め続けた。

大きなうねりが一瞬途切れた瞬間、壱雄はエンジンに鞭を入れ、

「いまなら行けるぞ」

一声叫んで、大野河口をめざしてぐんぐん近づいた。

防波堤が動いて、どんどん近づくようにも見える。そして、すさまじい波が湧き起こった。

〈アストロ〉が大波に持ち上げられ、次に船首をぐっと突っ込んで波を滑り落ちていった。

「ドーン」

大きな振動が響いて、逆巻く波の中で〈アストロ〉は横倒しに傾いて止まった。浅瀬に座礁したのだ。

真佐子は、防波堤の上から珍しいものを見るようにその瞬間を、何人もの人が〈アストロ〉を見つめていたのを、なぜかはっきり覚えている。

「助けてー」

大声をあげたが、もちろん轟々《ごうごう》と鳴る波音の中で、防波堤まで届くはずはない。壱雄も顔がこわばったまま舵棒にしがみついていた。

何秒たっただろうか、次の大波が襲ってきたとき、砕け波が〈アストロ〉のコクピットに躍りかかって、二人を怒濤のなかに沈め込んでしまった。と同時に、波が〈アストロ〉を高く持ち上げ、ザザアーッと陸に押し運んだ。そしてまた、ドーンと身震いして座礁し横に倒れた。

何度そんなことが繰り返されただろうか、実際はほんの二、三度のことだったかもしれない。

「大丈夫、大丈夫」

壱雄は、呪文のようにこればかり繰り返し、叫んでいた。

ずいぶん長い時間のようでもあったが、何度目かの磯波に持ち上げられて〈アストロ〉は防波堤の隙間に投げこまれた。これで終わった。目の前には静かな川の流れがあった。

故郷に錦を飾る日

若狭湾は各駅停車で

〈アストロ〉の動きが小刻みになってきた。若狭湾東の端にある敦賀《つるが》をでると、若狭湾の真ん中にある小浜《おばま》へ、さらに西の深い湾、舞鶴《まいづる》にも入っていく。ここで大型台風二〇号をやり過ごすことになった。初めての本格的な台風避難だったが、湾奥にある巡視船用桟橋に留めさせてもらい、巡視船乗組員が指図してロープ補強をしてくれたので安心して過ごすことができた。

九月二五日早朝、激しい雨が突然ピタリと止んで、風もなくなった。不気味な静けさが三〇分ほど続くと、また強烈な一団の風が雨を連れて襲ってきた。台風の目が上空を通過したのだ。

さらに五日待って、ようやく〈アストロ〉は舞鶴を離れたが、またすぐ隣の宮津《みやづ》湾に入って天橋立見物をしてから、若狭湾の西の端にあたる伊根《いね》に向かった。天橋立から伊根までもわずか七マイル少々、時間にして一時間半にすぎない。

夜、冷たい風がキャビンを抜け、深い霧がたちこめてきた。明日はもう一〇月、秋も深まる気配が忍び寄っている。壱雄の生まれ故郷竹野は丹後半島を西に回った兵庫県の小さな港だ。もうすぐ故郷の海に入る。

一〇月一日、今日は丹後《たんご》半島の経ヶ岬《きょうがみさき》を回って、兵庫県但馬《たじま》地方に入る日だ。

経ヶ岬に近づくと岸寄りで漁をしている船が見えたので近づいて、壱雄が呼びかけた。

「今日は、荒れるかあ?」

「雨がきたら風もでるが、降らなきゃこんなもんだろう」

「経ヶ岬を越えられるかあ?」

「ああ、良い追っ手だよ」

漁師の言葉に安心してしばらく進んだが、もう一度確かめたくなって、別の漁船に近づいた。

「今日は荒れるかあ?」

「荒れへん、荒れへん」

手を大きく横に振って言ってくれたので、壱雄と真佐子は勇気づけられて、やっと経ヶ岬を越える決心がついた。どうやら、大野への無茶な入港のことが尾を引いている様子だ。

経ヶ岬はなにごともなく通過でき、丹後半島西側の付け根にある津居山《ついやま》に入った。津居山は円山川《まるやまがわ》の河口港で、川沿いに四〜五kmも遡れば城崎《きのさき》温泉がある。二人はさっそくバスで城崎温泉に向かった。

壱雄は、故郷の海に一歩足を入れたことで少し興奮気味だ。耳に入ってくる言葉がぐっと和らぎ、懐かしいふる里の言葉なまりに接して嬉しさが顔一面にあふれている。二人で柳並木の川沿いの散歩道をぶらぶら歩きながら、真佐子も浮き浮きしていた。結婚して間もなく、夫の郷里を訪ねてから城崎温泉に泊まったことを思い出した。

真佐子には伏せたままだが、壱雄は竹野に入る日を密かに決めていたと思われる。それで若狭からは一寸刻みに日を重ね日取りを調整していた。故郷に錦を飾る日は、結婚式に親戚一同が集まるハレの日でなければならない、と。

本州一周、なぜ東回りか

本州一周の航海を、壱雄がなぜ東回り（反時計回り）で進めたのか、筆者はそれに首を傾《かし》げた。

今日、日本一周をめざすヨットは一〇隻のうち恐らく九隻までが西回り（時計回り）航路を選ぶ。江戸時代の帆船、北前船も西回り航路で蝦夷《えぞ》地をめざした。西回りは潮の流れに乗れるし春から夏の日本海は穏やかなのである。

西回りでは、関門海峡を抜けて日本海に入ると対馬海流が押してくれ、宗谷海峡や津軽海峡を抜けて太平洋にでれば親潮に便乗して南下できる。一般の動力船、漁船や大型船は海流など誤差程度にすぎず気にもとめないが、速度の遅いヨットでは〇・五ノットの流れは、プラスにしろマイナスにしろかなり意識させられる。東回りの場合はその逆で、延々と逆潮の中を進まなければならない。〈アストロ〉が津軽海峡を必死の思いで渡ったのも潮に逆らって西向きに通過しようとしたからである。

わずか三馬力のエンジンを載せた〈アストロ〉で、壱雄がなぜ東回りを選んだか、その理由に筆者は興味津々であった。

航海計画は壱雄一人で考え、妻は黙ってそれに従うものだと決めていた。しかし真佐子は、壱雄が東回りか西回りか、どちらにするか迷って考え込んでいたことだけは覚えている。ただ、なにを迷っているのか、胸の内を壱雄が明かすことはなかった。

津居山に入り、故郷のやわらかい言葉が飛び交う空気を吸い、嬉しそうな表情で航海の達成感を話す様子に接して、ようやく東回りの理由が理解できたと思った。

壱雄は最初からこの航海を〝日本一周航海〟と呼んでいた。北海道を回ることはできなかったものの、テレビニュースも新聞も、北海道や九州を回ったかどうかなど、誰一人気にとめず、いつも日本一周のヨットと紹介され続けた。いつしか、壱雄も真佐子も本州を巡りながら日本一周のヨットだと紹介されて違和感を持たなくなった。

日本一周航海の目的地を壱雄は故郷、竹野に置いていたに違いない。一人帆船を操って北の海にいきたいと夢想したが、それは故郷に帆船で凱旋する姿だったのではないか。

航路事情を考えれば西回りを採用したいところだが、それでは登山にたとえれば、まだ麓を歩いているときに竹野に立ち寄るようなもので、故郷に凱旋することにならない。子どもじみているかもしれないが、竹野の誰もが見たこともないヨットを操って、日本一周を遂げてから現れる自分でなければならなかった。

いま、心のなかのゴールが見えてきた。そう意識したとき、ゆとりをもって誇らしい笑顔で〈アストロ〉の歩みはさらにゆるめられ、敦賀、小浜、舞鶴、宮津湾、伊根と小刻みに進み、そして竹野を目の前にして津居山でハレの日を待っている。

故郷に錦を飾る日

一〇月三日土曜日は大安吉日。津居山から壱雄が生まれた町、竹野までは岬ひとつを隔ててわずか六マイルだ。

静かな海、背を丸めた猫に似ているという猫崎を回ると、そこはもう竹野港だった。竹野は小さな川の河口港で『港湾案内』に載ってもいないから水深も不明で、それだけが少し気にかかっていた。

折よく漁船が港からでてきたので、

「入れるか、深いか?」

呼びかけると、漁船はうん、うんという具合に頷《うなず》いてくれた。

狭い入り口を抜けて港内が見えてくると、港の船がみんな幟《のぼり》や大漁旗を立ててなびかせ、魚市場前には町中の人が集まっている。〈アストロ〉が港の真ん中の岸壁に横着けすると同時に餅《もち》撒きが始まった。

壱雄の船が竹野に戻ってくるのを、町中で待っていてくれたような光景に驚かされたが、ちょうど新造漁船の進水式に合わせて〈アストロ〉が入港したのだ。

餅撒きが終わると、人びとは一斉に〈アストロ〉めがけて集まってきた。

「神田の息子が日本一周して、ヨットで竹野に帰ってきた」

あっという間に町中に広まった。

うわさを聞きつけた老婆二人が、杖をつきながら数珠《じゅず》を手に〈アストロ〉にやってきた。

「まあ、よその船なら見に来んが、神田のだというから一度拝ませてもらお、思って来てみたわいな」

数珠をまさぐりながら、しげしげとヨットを拝んだ。

ありがたいことだった。港の人は誰もがヨットを見るのは初めてだ。本当は北前船に乗り込んで帰ってきたかったかもしれないが、壱雄にとってヨットこそ現代の北前船だった。

真佐子は知らされていなかったが、今日は壱雄の親戚で結婚式があり、親戚中が集まる日でもある。披露宴に駆けつけると縁起の良さに大歓待され、真佐子も初めて親戚中に紹介してもらった。夕方にはどっさりご馳走が〈アストロ〉に運ばれた。壱雄は大いに面目を施すことができ、〈アストロ〉は見学する子どもから年寄りまで町中の人たちを迎え続けた。日が暮れて町の人たちが途絶えると、幼なじみが集まり、深更まで話が途切れることがなかった。

雨の日の語らい

楽しみにしていた東京オリンピック開会式の様子は、鳥取・賀露《かろ》港で観ることができたが、毎日オリンピックを見ているわけにもいかないので先に進み、島根半島の外側にある恵曇《えとも》で静かな夜を迎えていた。恵曇は松江を外海と結ぶ港である。昼前から降り始めた雨はしとしと夜も降り続いた。

ご飯を炊き、干物を焼いて夕食を済ませて早々に寝床に入ると、壱雄が次の夢について語り始めた。

〈アストロ〉で行くのは恐ろしいから貨物船にでも乗って太平洋の奥まで行ってみたい。日本一周に加えもうひとつ壱雄には思いがあった。生涯をプラネタリウムの解説員で過ごしたが、春夏秋冬、赤道直下の夜空、南半球の秋の夜明け……どんな夜空でもたちどころに見せてくれるのがプラネタリウムだ。南半球では……などと解説しながら、実は何も見たことがないのが後ろめたくもあり、悔しかった。やはり、赤道そして南半球の星空をこの眼で見ておきたい、と。いつものことだが、話の最後は先立つものがない寂しさにたどり着いて、溜息で今日も終わった。

狭い三角形のヨットの前室で、壱雄の寝息を聞きながら夫の肌のぬくもりを確かめて真佐子も眠りに落ちていった。まだ航海は残っているけれど、大きな試練を乗り越えた安堵感が二人を包んでいた。一一月二六日、秋晴れの空の下を〈アストロ〉は的形に帰港した。

第五章　苦い海（沖縄往復）

ええかっこしいにも程がある。飯炊きと洗濯に便利だから真佐子を乗せた……、壱雄が放言したテレビのワイドショーは生番組だった。1964 年 12 月

沖縄往復　1966年（昭和41）5月1日～8月12日

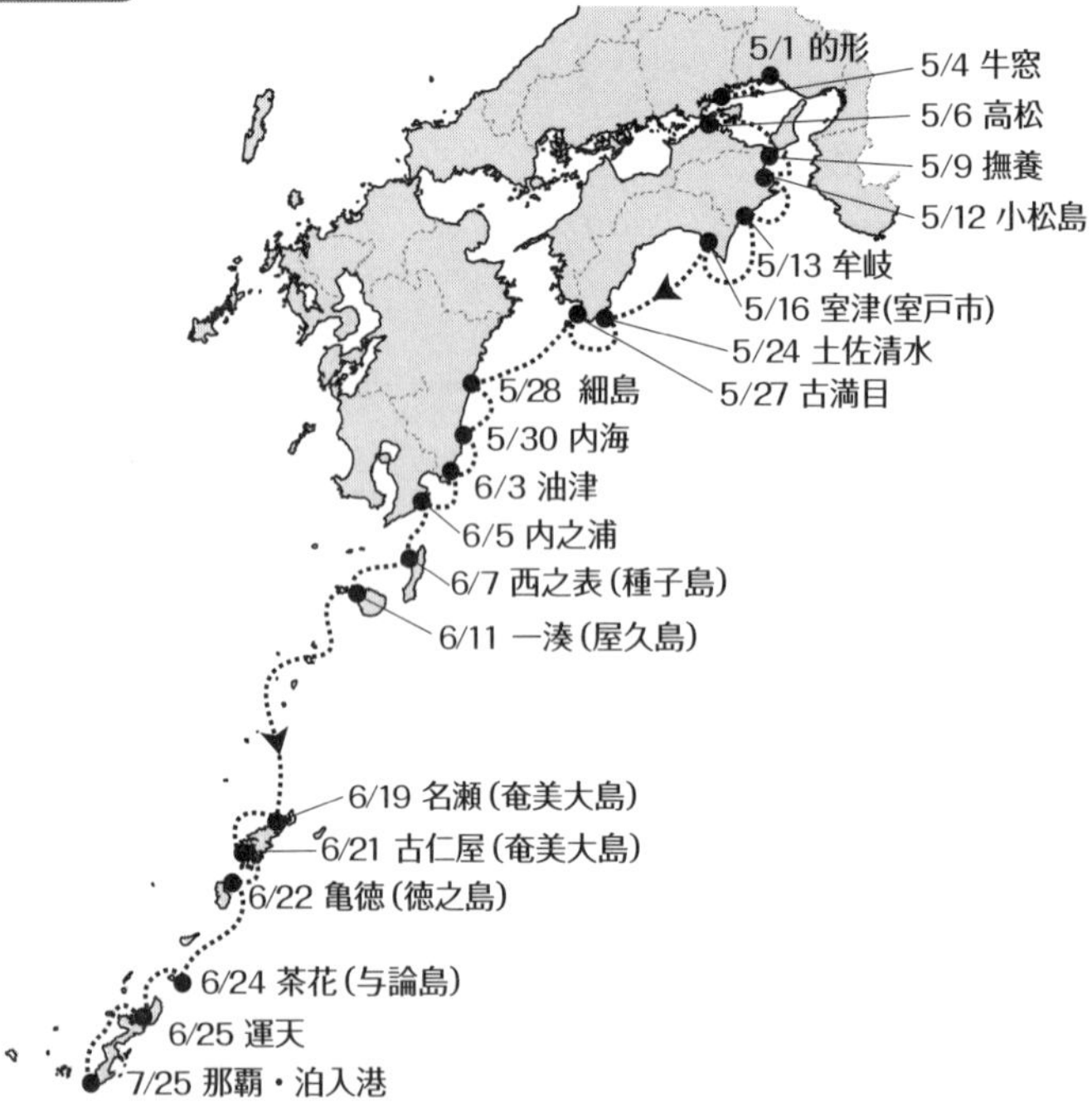

月	日	出港地	入港地	滞在日数
5	1	的形	牛窓	3泊
	4	牛窓	高松	2泊
	6	高松	撫養	3泊
	9	撫養	小松島	3泊
	12	小松島	牟岐	
	13	牟岐	室津(室戸市)	3泊
	16	室津(室戸市)		
	17		土佐清水	7泊
	24	土佐清水		
	26		古満目	
	27	古満目	細島	
	28	細島	内海	2泊
	30	内海	油津	4泊
6	3	油津	内之浦	2泊
	5	内之浦	西之表	2泊
	7	西之表	一湊	4泊
	11	一湊		
	12		名瀬	7泊

月	日	出港地	入港地	滞在日数
6	19	名瀬	古仁屋	2泊
	21	古仁屋	亀徳	
	22	亀徳	茶花	2泊
	24	茶花	運天	
	25	運天	那覇・泊	30泊
7	25	那覇・泊	運天	
	26	運天	茶花	
	27	茶花	古仁屋	3泊
	30	古仁屋	名瀬	3泊
8	2	名瀬		
	4		西之表	
	5	西之表	細島	2泊
	7	細島		
	8		室津(室戸市)	
	9	室津(室戸市)		
	10		須磨	2泊
	12	須磨	的形	

すきま風

やりくり算段しても火の車

八カ月にわたる本州一周航海から戻ってくると、壱雄はほとんど外出せず読書と和暦編纂の計算に明け暮れて、冬の間、的形には一度も行かなかった。

一方、真佐子は帰宅した翌日から、新聞の求人欄をチェックしては、仕事探しに駆け回った。病院に就職を求めても半年の限定では採用されるはずもないし、元々助産師の仕事を好いていなかったから、割り切って病院勤めから離れた。毎年、数カ月のヨット旅行を続けるために家計をどう切り回すか、これは頭の痛い課題だ。

退職した壱雄には役所の共済年金と和暦編纂の謝礼があった。それは根気のいる厄介な作業であるが、一カ月の給料分には届かないまでも、かなりよい収入になった。その中から壱雄の小遣い、丸善から届けさせる本代は壱雄の自由にさせて、真佐子は手をつけなかった。真佐子には亡くなった養母上野ふさをが自宅と家作も残してくれたので、家賃は不要でわずかだが家賃収入もある。

真佐子の稼ぎにこれらをかき集め、家計の元を自分なりにまとめた。その年の収入分で翌年一年間の生計費をヨット旅行も含めて賄《まかな》っていく、これを守ればやっていける。つまり、キャッシュフローを常に一二カ月分用意する目標を立てたわけだ。

これは単純でとても堅実な家計プランにみえるが、八カ月も収入なしで旅行すれば、帰ってきてから翌年の旅行開始まで数カ月で翌年分を稼がねばならず、実際には真佐子の貯金を取り崩し続けて穴埋めせざるを得ない。一方の壱雄は、家計はすべて真佐子に任せ知らぬ顔を決めこんでいた。

一九六五（昭和四〇）年は四カ月の九州一周、翌一九六六（昭和四一）年は沖縄渡航を計画したから家計は逼迫《ひっぱく》した。一九六七年の北海道一周航海のときは、ヨット旅行費を修理代まで含めて一日千円に切り詰め、なんとかしのぐところまで追い詰められた。

行く先々の港で〝羨むようないい身分〟、そして〝悠々自適の夫婦〟と言葉をかけられ報道される〈アストロ〉だったが、その内情はこんな有様だった。

ええかっこしいにも程がある

本州一周から戻った晩秋、大阪のテレビ局ワイドショーに招かれた。生番組の出演だったが、アナウンサーがまず夫婦でヨット旅行にでた理由を尋ねた。

「これ（妻）が、飯炊きと洗濯をやらせるのに便利だから乗せただけですよ」

壱雄がいきなり口にした答えに、アナウンサーは大あわてで謙遜でしょうと取りなした。ところが壱雄は、

「本当ですよ、最初は単独でと思ったけれど、一緒に行きたいというから飯と洗濯だけしろと言ったんですよ。航海は全部私一人でやりましたから単独航海と同じようなものです」

大まじめにさらに強調して、カメラに向かって言ってのけた。

「なんていうことを」

熱いぐらいのスタジオの照明を浴びながら、真佐子は震えるような思いで身体を固くし、うつむいてじっと耐えた。スタジオ内はすっかり白けた空気に変わってしまい、アナウンサーが取りなそうとしても、真佐子は最後まで口を開くことができなかった。

男の本性を見てしまった、そう思った。

養母の家の女ばかり四人の生活も厳しかったが、養母も助手の助産師も生涯独身だったし、真佐子は父母間のやりとりを垣間見たこともなく、生活のどこにも男の存在がなかった。

ヨット旅行中、いつもやさしかった壱雄は物静かで、一度も大声をだすことはなかったし、真佐子が指図するとすぐ従った。その壱雄が、心底ではそんな眼で自分をみていたのか。

ええかっこしいだから、自分一人でも航海できると格好つけたかったのかもしれないが、そうだとしても、そのひとことは夫が真佐子を見る眼というよりも、男が心の奥底で女をどう見ているか、その素性が初めてあからさまになった。真佐子にはそうとしか思えなかった。

戦争が終わり、平和憲法ができて婦人参政権も定められて以来、昭和二〇年代から三〇年代にかけては、日常でもなにかにつけて〝男女同権〟とよく言われた。が、そんなものは見せかけで、やはり女はいつも耐えて忍んでいなければならない。

一人でその不条理を訴えたところで世間全体がそうなのだから、どうにもならないと初めて思い知らされた。

二年にわたるヨット航海を体験して、壱雄が一人でヨット航海にでるなど、できるはずがないと真佐子は十分過ぎるほど知っていた。すべてを投げうってヨットに全力を注入し、海で何が起こってもたった一人で冷静に対処するには、問題を解決する強靱《きょうじん》な意志とそれを裏付ける技術や知識それに体力が必要だろう。

単独航をするために求められる、そんな強い人間でいられるはずがない。その前に長期航海は生活の航海でもある。真佐子が寝込んだときでも、自分の食事ひとつ用意できないじゃないか。単独航海などと言えるはずがない、それなのに。

女は忍んで、耐える中から立ち上がっていくしか道がない、しばらくしてから、真佐子はそう自分に言い聞かせるしかなかった。

ヨットで日本中を巡りたい、その夢に賭けるようにして結婚した自分が、壱雄の背中をどんと後押ししなければヨットは夢だけに終わってしまったはずだ。だったら、何があってもヨット旅行を続けられるように、自分が家計のやりくりもがんばらなければ。

やはりこの人がヨットで日本をくまなく回れるまで引っぱっていこう、それが私の夢なのだと、もう一度自分に語りかけた。

いっそ沖縄に行こうか

この事件のことは、壱雄も真佐子もその後一度も口に出さなかった。が、真佐子がハワイにヨットで行きたいと言い始めた。実現のために自分は何ができるかを考えたわけでもなく、壱雄は目を白黒させてまともに取りあわなかったが、勝ち気な友人寺田紀子（仮名）を真佐子が引き込み、夢中になってしまったらしい。紀子は活発で決断力に富んだテレビ局勤務の独身OL、真佐子より一二歳も年下だった。

紀子は一度もヨットに乗ったことはなく、せめて数日でも〈アストロ〉に乗って試すことすら気づかない二人だった。そんな二人の盛り上がりを傍目《はため》に、壱雄は一九六五（昭和四〇）年、真佐子と二人で九州一周の航海にでた。五月一日、的形を出港し八月二七日に帰港する四カ月の航海だった。

ハワイの話は立ち消えになったと安堵していたところ、秋になると真佐子と紀子の二人が再び壱雄にハワイ計画を迫って、壱雄は困り果てた。

年の瀬も押し詰まって、とうとう壱雄が折れた。

「日本で一番遠いのが沖縄だから、沖縄旅行で勘弁して」

女二人は驚喜した。

年が明けると、律儀な壱雄は紀子の両親の元に出向き、誠心誠意娘さんを守って預かると約束した。紀子の父も、

「娘は言い出すと後に引き下がりません。認めざるを得ませんが、何ごとがあっても神田さんに恨みがましいことは決して申し上げないことをお約束します。ご迷惑をおかけしますがよろしくお願いします」

謙虚で理を尽くした挨拶を受けて、壱雄は覚悟を決めた。そして、紀子は会社に退社願いをだした。

真佐子が、嬉しそうに三人の航海計画を話すと、

「やめなさい、厄介がおきかねませんから」

奥村力が言葉少なに反対した。

紀子は、世間一般の感覚では反対するかもしれないが、自分と神田さん夫妻は三角関係など と別だから、ややこしい問題など起こりようがないと信じ、世間の無理解に反発した。真佐子も三人の旅がなぜ良くないのか理解できなかった。多くの大人は女二人と男の関係を疑うが夫は絶対にそんな人間でないと思った。

壱雄は最初から三人の航海に絶対反対だったが、三人の人間関係の厄介さには気づかず、万一、事故が発生したときの責任を強く感じていた。周囲の心配を聞き流して一九六六（昭和四一）年春、沖縄航海の準備が進み始めた。

三人は知らなかったが、日本で沖縄に渡航したヨットはまだ一隻もいなかった。もし〈アストロ〉が沖縄渡航に成功すれば初渡航記録になるはずだった。それ以前には鹿島郁夫が〈コラーサ〉で的形から奄美諸島を往復しているだけだ。ところがもう一隻、〈アストロ〉よりも一歩早く沖縄渡航を狙って着々と準備を進めるヨットがいた。名古屋大ヨット部ＯＢの〈チタ

Ⅱ〉グループである。

彼らは、まだ沖縄渡航に成功したヨットがいないことを熟知しており、まず初渡航記録を取ろうと狙った。チタ・グループは、堀江謙一に次ぐ太平洋横断第二記録を狙って、三六フィートの〈チタⅡ〉を建造していた。そして一九六六年春、太平洋横断に挑戦する前の試験航海を兼ねて沖縄航に六名乗組みで取り組んで、四月一九日那覇に入港した。〈アストロ〉が的形を出港する一一日前のことである。

内海支部ミーティング

一九六六（昭和四一）年五月一日、〈アストロ〉は神田壱雄、真佐子そして寺田紀子（仮名）の三人を乗せ、沖縄をめざして的形を離れた。壱雄は鳴門海峡から紀伊水道を抜けて、土佐沖を九州へ回る針路をとることにした。的形から鳴門海峡へは真南に向かえば数時間だが、〈アストロ〉は西へ針路を取り、夕刻に岡山県牛窓《うしまど》港に入る。

快晴の五月三日、牛窓に一三隻のヨットが集まり、NORC内海支部の年次ミーティングが開かれた。前年は高松沖の女木島《めぎじま》で開かれ、神田は二度目の参加だった。その席で壱雄が一九六四年の本州一周航海を報告するとどよめきが沸き起こった。ベテランぞろいといっても、過半の者は瀬戸内海の外にでたことがなかったのである。

今年の牛窓ミーティング、一人が気楽に尋ねた。

「神田さん、今年もどこかにおでかけの予定ですか？」

「はい、このまま沖縄に行ってみようかと思っています」

一瞬、しーんと一座が静まりかえってから、溜息のような声が漏れた。ええかっこしいの面目躍如の場面だった。この場に集まった中で、沖縄渡航を考えた者はいなかっただろうが、リーダーたちは沖縄に渡航したヨットがまだいないことぐらいは承知していた。実際には、記したように二週間前に名古屋のヨットが沖縄に到着していたが。

臨界点

内海支部ミーティングを終えて牛窓を離れると、小豆島の脇を抜けて高松に寄り道する。そして、三人揃って金比羅さんに詣でて、壱雄が代表でお祓いを受けお札をもらい、ようやく本当の出港準備が整った。ヨットに乗ってから紀子は、親子ほど年齢が違う壱雄をミスター君と呼んでいる。

夜、高松港を出入りする宇高《うこう》連絡船の灯りを眺めているとき、

「いまなら、大阪に帰れるよね」

紀子がポツリと口にした。所要時間六〇分の連絡船に乗れば、岡山側の宇野《うの》から大阪へは鉄路が繋がっている。

撫養《むや》で雨のため二日間ヨットに閉じこめられた。その二日目、五月八日の真佐子の日記、

《狭いヨット内の共同生活の感情的な難しさが、少しずつ頭をもたげてきた。ひとつのかたまりが、小さいながら胸にしこりになってきた。まだ八日目だというのに、どうなっていくのか、なにか恐ろしい気がする》

飲料水タンクの水漏れがみつかって、修理のために小松島で三泊を強いられた。その三日目、やっと出港かと思ったら風が強まったのでまた出港延期になってしまった。

昼食後、真佐子と紀子、二人で小松島の町をぶらぶら散歩して船に戻ってきたとき、ぐつぐつと溜まっていたものが、ふとした言葉の端にひっかかって暴発してしまった。

肩を触れあわせていないと腰掛けていられない狭いベンチで、女二人のとがった声が火花を散らした。

一緒に銭湯に行く約束なのに、紀子がプイと一人で出て行ってしまった。真佐子一人で銭湯から戻ってくると、戻っていた紀子が夕食の支度を黙々としている。それをみて気持ちが収まらないから、真佐子が外食すると言い残して出てしまった。

重い心をひきずりながら、あてもなく夜の道を歩き続けた。時間をつぶして戻ってくると、壱雄が岸壁で懐中電灯を持って真佐子を待ち続けていた。

「ああ、夫は私を信じてくれている」

しみじみと思った。それなのに、船に戻って二人の視線が合った瞬間、どちらが仕掛けたというのでもない、再び口論が発火してしまった。もう押さえようがない。二人は互いに傷つけ合い、言ってはいけない言葉まで投げつけてやりあった。

なにもかもを吐き出してようやくベッドに引き下がった。といっても、身体を押しつけあってお互いの寝息が耳元で聞こえる狭さだから、感情をごまかすことすらできない。

二五フィートのヨットの空間は限界の狭さだ。キッチンのあるキャビン、といっても実は幅も長さも一・二m四方しかない。その中にプロパンのコンロと小さなシンク、向かい側に二人が肩を触れあわせてやっと座れる狭いベンチ。真ん中にテーブルすら置けない空間だった。三人で食事をするときはベンチに壱雄と紀子、真佐子は入り口の狭い階段に腰掛けて食べる。

壱雄と真佐子二人の航海では、三角形の狭い前室を寝室にしていた。ちょうど二人用の狭いテントのような空間で、二人が寝ると寝返りも打てない幅しかない。そこに真佐子と紀子が肌を寄せ合って眠った。壱雄はキッチンの脇、細長いコクピットベンチ下の穴蔵のような空間に半身をつっこみ、上半身はキャビンのベンチを使って休んだ。

真佐子は寝る前にみじめな気持ちを日記に記した。

《こうなるより仕方なかった。この狭いヨットの中での時間。身体が突き当たるように、感情もこの狭さの中で突き刺し合ってしまう。心を傷つけあい、友情まで失ってしまう旅になろうとしている。いまならまだ旅を中断できるかもしれない。でも、彼女は会社まで辞めてこの旅にすべてをかけているのだから……。もう一度考え直して、自分の非を改めて出直さなければ、それしかないと思う》

二人が猛然と切り結んでいる間、壱雄はひとことも口を開かず、塩豆をときどきポリポリ囓《かじ》りながら、前日の新聞にじっと目を落としたまま、顔をあげず辛抱強く待ち続けた。

真佐子は年下の紀子を気遣い、お互いの意思疎通をしっかりしなければと思ったのかもしれない。牛窓でも、高松、撫養、小松島、行く先々で紀子に声をかけて一緒に町を歩き、観光に誘って気晴らしに努めたが、四六時中行動を共にすることが二人にストレスを加えた。一人になる時間を持つ大切さに気づくこともなかった。

劣悪な環境と、狭すぎる空間で何日も過ごすと、ストレスからの衝突は必ず起こってしまう。一九五〇～六〇年代、ヒマラヤ登山のキャンプなどではたびたび衝突が起きて、登頂できないパーティまであったほどだ。お互いに理屈でわかってはいても防げず傷つけあってしまう怖さがあるのだが、〈アストロ〉の三人はそういう知識も持っていないから、このあとも対策がないまま過ごすことになる。

しかし一夜があけると、壱雄は何ごともなかったように出港を告げて先に進んだ。

夜間航海

周到な計画

五月一六日、朝から晴れて暑くなった。西日本一帯が高気圧に覆われ海上も穏やかとラジオから流れてくるのを聴いて、いよいよ出発だ。

室戸《むろと》岬脇にある室津《むろつ》から一直線に土佐湾沖を横断し、足摺岬を越えて西側にある土佐清水《とさしみず》まで行く。三人ともいつもとは違う緊張感を持って準備にとりかかった。室津から足摺岬までが約六七マイル（海里）。岬から土佐清水へさらに七マイル、都合七四マイルの長丁場だ。

出航は一二時二〇分だった。真佐子と紀子はパン、果物を買い込み、おにぎりもいっぱい作って備えた。〈アストロ〉はこれから夜間航海に挑戦し、一八時間後の明朝六時半に土佐清水入港を予定している。

これまでで一番長い航程への挑戦である。夜明け前にでればその日のうちに到着できる距離だが、壱雄は夜間航海をここで試しておきたかった。今回の沖縄航を土佐沖経由にしたのも、この夜間航海を経験するためだった。

沖縄までの航路で、一番気がかりなのが屋久島《やくしま》から奄美大島《あまみおおしま》への航海だ。この間には途中泊まれる港がなく、約一四〇マイルも一気に走らなければならない。吐噶喇《とから》列島の島がいくつも続くけれど、どの島も海岸は切り立った崖に囲まれてどこにも港がないという。この丸一昼夜以上もかかる航程が心配で仕方ないから、どこかで練習をしておかなければと考えた。

まず室戸岬から土佐清水へ七四マイルの夜間航海を試み、続けて土佐清水から日向灘《ひゅうがなだ》沖を、日南の油津《あぶらつ》までの一一〇マイルに挑戦して、奄美大島への備えにするつもりである。

風は南西から五～六m／秒、うねりはあるものの波は高くない。針路二四五度、まっすぐ足摺岬をめざした。

夕方には風も少し落ち波もおさまった。雲一つないくっきりした水平線が空と海を区切り、やがて空が茜色に染まって真っ赤な太陽が海に落ちていく。そして、空が紫を深めてから周囲は暗闇に包まれた。

マスト灯と航海灯がヨットのまわりをほんのり照らすだけだ。暗闇の航海を恐ろしい体験だと不安に思っていたけれど、こんなにも神秘的で静寂に包まれた星空の世界とは思いもよらなかった。真佐子はうっとり夜空を仰ぎ見ていた。

ミスター君、壱雄は日没と同時にセールをたたんで機走に切り替えた。リーフ（縮帆）してメインセールだけでも展帆しておく方が船は安定するが、夜間に万一風が強まったときデッキ作業での事故を心配したのかもしれない。

夕刻からは三人で、三〇分交代のワッチ（見張り）を組み、一時間休憩を取れるようにもした。しかし、わずか三〇分ワッチでは、交代の時間も含めると休憩は一時間も取れないから、名ばかりの休憩に過ぎなかった。通常は四時間か六時間毎に交代するのがワッチである。このときは見張りというよりも舵柄を持つ係がワッチで、ほかの二人も眠らず起きたまま過ごした。

二一時を回ったころ、めざす足摺岬の灯台がちらちらと見え始め、一睡もしないまま、午前四時二五分に足摺岬を通過できた。ここまで六七マイルだから平均速度四・二ノットだ。

足摺岬を回ると同時に、強い潮に押し戻されて船は進まなかったが、ジブセールを揚げて機帆走に切り替えて三時間かけて進み、土佐清水に五月一七日朝七時一〇分入港した。大成功だ。うどんを作って食べ、そのまま三人はばたんと寝てしまう。目が覚めたらもう午後二時半になっていた。

再び夜の海へ

五月一八日も好天、海はおだやかだが〈アストロ〉に動く気配はない。朝から真佐子、紀子の二人はスケッチブックをもって足摺岬へでかけた。大きな高気圧は少しずつその中心を東に移し、おだやかな東寄りの風が終日吹いた。

こういう日こそ、追っ手の風を受けて一〇〇マイル以上を渡海する絶好の日和《ひより》だが、これまでのならいで観光に好日を使ってしまった。翌日になると低気圧が西の海に現れ、天気は下り坂に移ってそれから七泊も待機を強いられてしまった。かなり経験を積んできたはずなのに、海の気象が読めていないのである。

五月二四日、前線が南に下がって悪天候も終わったと思われたが、まだ外海はうねりと波が高い。ラジオが日中は風が強いが夜にはおさまるというので出航することに決めた。日和待ちが一週間にもなって焦りがでていたようだ。女性二人は、小松島での衝突を二度と繰り返してはいけないと自分に言い聞かせているが、雨続きの中で一週間も過ごすと、お互いにストレスも高じてくるのは隠しようがない。そのことも出発を急ぐ焦りにつながった。

七時に土佐清水を離れメインセールだけで走る。風は西北西四～五m／秒だった。やがて風が強まりメインセールを一段縮帆した。

一六時三〇分、はやめに夜間航海の準備でセールをたたみ、機走に移るが波が高く荒れ模様に変わっていった。日が暮れた一九時二〇分、艏先からシーアンカーを流し、船尾からも三〇mロープ二本を流して漂流に切り替え、三人とも船内に入って耐えることになった。壱雄もロッカーからシーアンカーを取りだし、船首に這うようにして運びセットするとき、ゲロゲロ吐き続けながら必死に作業をこなした。真佐子が嘔吐する壱雄をみるのは初めてだ。

この作業は初めてだが、本で読んだ知識だけなので船尾からもロープを流す混乱した対応をしてしまう。そのために船首が風上にたたず、横風を受けやすくなっていたかもしれない。セールもたたんでしまったから揺れは最大になったが、小さなセールを張る方が安全でもある。長くてつらい夜が始まった。

彷徨二昼夜

三人ともびしょ濡れのまま横になる。真佐子はキャビン床に横たわって、激しいローリングにごろごろ転げ回った。全員朝、出港前にリンゴを食べただけでなにも口にしていない。

一番困ったのはトイレだ。苦労してズボンをずり下ろすだけでもう頭がぐらぐらして立っていられないし、片腕はなにかに掴まっていないとどこかに飛ばされてしまう。おまけに濡れたままで身体が冷えるから、二時間おきに生理現象が襲ってくる。

ゴミ入れのポリバケツで始末して、入り口のスライドを開けてコクピットに捨てる。その間にも、スライドハッチから襲いかかってくる海水が容赦なくキャビンに流れ込んだ。

ドカーン、ものすごい音とともに、船体が横倒しになってブルブル震え、怒濤のような海水が船内にたたき込んできた。

壱雄が「やられたか」と大声をあげて飛び起きたが、窓は壊れず、船も無事だった。

五月二五日六時、ヒューヒューと叫び続けていた風も少しおさまり、嵐も峠を越えたようなので、恐る恐る外にでてみる。

陸は見えないが、流していたロープとシーアンカーを回収して、再びセーリングを開始した。一晩、波風の運ぶまま漂流したから、コンパスしか積んでいない〈アストロ〉は現在地点がわからない。

壱雄は「室戸付近まで流されているかもしれない」と心配そうに口にして、ともかく針路を北西に向けた。

一昼夜なにも口にしていないがなにか食べる元気もなかった。正午近くになって、右前方に陸地が見え始めた。陸の方角に進みながら折良く通りかかった漁船に帽子を振って近寄っても

らい、大声で尋ねた。すると、

「あれが沖ノ島だ。あっちに見えるのが足摺岬」

沖ノ島は、土佐清水の西一九マイル、四国本土のすぐ沖にある島だ。昨日の昼前にその南沖合を通過したはずだった。一昼夜かけて土佐清水の沖合にまだいる。

今度は沖ノ島を後にして、油津を取りやめて、もっと近い細島《ほそじま》に向かうことにした。ただ、このときふたつの島や陸の方位から現在地を割り出すクロスベアリングを取って、正確な現在地を海図上に確かめることをしなかった。

細島は現在の日向市の港である。沖ノ島から細島は西南西に約四八マイル。平均四ノットで進んでも細島沖に着くのは午前〇時を過ぎる。三・五ノットならさらに二時間遅くなるはずで、湾口に二重に定置網が仕掛けられている細島湾に真夜中に接近するのは危険だが、そういうことには気づかない。壱雄は、一度港に戻って休んでから出直すのでなく、とにかく進もうとした。

一六時前に北の方角にふたたび山影がうっすら見えてきた。

「九州が見えた、どこだろう」

口々に三人でお互いに問いかけたが、もとよりどこの島だかわかるはずがないし、わずか四時間で九州に渡れるなどありえないがそのことにも気づかない。やがて、二日目の夜の帳《とばり》にすべてが溶け込んで消えてしまった。

島の灯台だけがピカッ、ピカッと点滅している。その灯りに誘われるように〈アストロ〉は灯台に近づいていった。

海図と照合したが、結局、それがどこの灯台かわからなかった。三人がああだ、こうだといいうだけで、なにもわからない。結局、灯台のある島の風下に入って、行ったり来たりして夜明けを待った。

時折、沖合を大型船が通ったが、島の西側を大型船が通過する、つまり豊後水道と結ぶ本船航路が西に見えるのだから、島が四国側にあるのは明らかだがそれにも考えが及ばなかった。一度彷徨し迷路に迷い込むと先入観にとらわれて、冷静な判断ができなくなったりするが、〈アストロ〉はその罠に捕らわれてしまっていた。

古満目に敗退

交代でキャビンで横になったが眠れない。五月二六日夜明け、海は静かに輝き始めた。真佐子が四八時間ぶりにお湯をわかし、ワッチをしている壱雄に熱い紅茶を用意した。

陽が差し始めたとき、島の陰から小さな漁船が現れた。エンジンをかけて漁船を追いかけて壱雄が帽子を必死に振るのがやっと目にとまり、漁船はこちらに全速で向かってきてくれた。

そして、昨日と同じように問いかけた。

「この島はどこですかあ？」

「沖ノ島だあ」

「ええっ、本当に沖ノ島？」

「そうだ、向こうに見えるのが足摺だあ」

三人とも悄然としてコクピットのベンチにしゃがみこんでしまった。四八時間、自分たちはなにをしていたのだろう。

壱雄は、黙って再び舳先を西に向けた。

「細島に行く、もう場所はわかった」

四八時間一睡もできず、なにも口にしないまま、それでも挑戦しようとした。島陰を離れると、また大きなうねりと波が待っていて、〈アストロ〉は翻弄され始める。

銚子まで一五時間もかかり心身ともに消耗しきったとき、壱雄がバタンと倒れた光景が真佐子に蘇った。壱雄が沖でまた昏倒してしまったら、それこそ三人ともおしまいだ。真佐子が厳しく言った。疲労困憊《こんぱい》でこれ以上進むのは駄目、どこか近くの港で今日は休むべきだ、と。

壱雄は、その言葉にピンと反応してすぐUターンし、最寄りの港、古満目《こまめ》に向け転針した。

これまでも火急のときの撤退は真佐子に促されて決断したが、これほど意固地な壱雄は二人だけの航海では見られない姿だった。

港に着いて、眠い目をこすりながら、真佐子の脳裏に最初に浮かんだのは、熱い味噌汁と梅干しのお茶漬けが食べたい、だった。

そして翌五月二七日、おだやかになった海に再び乗りだし、〈アストロ〉は細島へ一一時間かけて渡ることができた。

苦い海

屋久島で待機

〈アストロ〉は屋久島・一湊《いっそう》港で待機している。屋久島には東から安房《あんぼう》、宮之浦《みやのうら》、一湊と三港があり、宮之浦が島の中心地だが、壱雄は奄美方面に南下する門口にある一湊を選んだ。いよいよ夜間航海の本番、奄美大島・名瀬までの約一四〇マイルが控えている。一湊は自然の良港で、奈良時代の第十回遣唐使船が帰国するとき、吉備真備《きびのまきび》が率いる船が一湊に立ち寄っている。昭和四〇年頃の屋久島周辺は、トビウオ漁とサバ漁、そして吐噶喇列島から沖縄にかけてはカツオの宝庫だったから、港は漁船でびっしり埋まっていた。九州や高知の船も多く、和歌山から遠征してきている漁船までいた。毎日、誰かから魚をもらった。

壱雄は、土佐清水沖の漂流のことがあるから、吐噶喇の海のことを尋ねて回った。しかし、尋ねるたびに不安を増長させるようなことを聞かされるから、〈アストロ〉に遊びにくる人をつかまえては「大丈夫か?」と、つい尋ねてしまう。

「四ノットしかでない船で奄美まで行くのは無理だ。エンジンを大きくして来年出直したほうがいい」

ガツンと言われたりした。

尋ねるとき、壱雄は正直すぎたかもしれない。不安だから「大丈夫か」とつい尋ねてしまうが、大丈夫かどうかは船長が最後に決めればいいことで、吐噶喇列島周辺の海流の速さ、どこを流れてその流向など、つまりデータを尋ねればよかったが心配だからつい答えばかりを求めてしまう。トランプ占いで、いいカードがでるまでやめられないような感じで尋ね続けた。

明日は出航という夕べ、やっと沖縄まで行ったという漁師に巡り会えた。そこでまた「大丈

夫か」と尋ねると、
「潮の流れといっても、それほど心配するほどでないから大丈夫、行ってらっしゃい」
励ましてくれる人にやっと出会えた。三人ともこれを聞いて勇気が湧いて、真佐子と紀子は巻き寿司を作って備えた。

吐噶喇列島

六月一一日五時三〇分、漁船が夜の操業を終えて続々と帰ってきて、サバの荷揚げをする中を出港する。

漁師がサバを五匹投げ入れてくれた。空には青空がのぞき、東の微風だ。ゴム合羽を着た漁船員たちが防波堤に集まって、〈アストロ〉の姿が消えるまで手を振って見送ってくれた。

お昼はパンと巻き寿司、海がおだやかだと真佐子も食欲がわいてくる。口之島と中之島の間の口之島水道に入り、中之島の西側に抜けるコースを取った。

奄美へは吐噶喇列島の東海上を南に向かう針路をとるのが通常航路である。なぜ回り道の航路をとったか理由はわからないが、吐噶喇の島々を見たかったのかもしれない。

中之島の山の中腹からは温泉の蒸気があがり、次の諏訪瀬島《すわのせじま》の山頂からも火山の噴煙が立ち昇っていた。吐噶喇の島々は活火山でどの島にも温泉が湧いている。予定よりもはやい動きなので三人はホッとした。

夕刻、西に見える臥蛇島《がじゃじま》の灯台が明滅を始めた。空はすっかり曇ってしまい日没はみられなかった。吐噶喇列島には臥蛇島だけに灯台があったが、住民が島を引き払っていまは無人島になっている。日が暮れる前に悪石島《あくせきじま》の西端を回りたいと思っていたが、諏訪瀬島を通過したころ日が暮れて、真っ暗な海と空の中に、さらに濃い暗黒のかたまりになって悪石島がたたずんでいる。

灯りひとつ見えない島は名前から連想して、なにかおどろおどろしく思えたが、島の村は海岸から小一時間も登った山上にあるので、海からは人家の灯りが見えなかったのである。

この夜も三〇分ワッチ、一時間休憩を繰り返し誰も眠らなかったが、朝方には東風が六〜七m／秒吹いて快調に走り続けた。

雨模様にかわった六月一二日朝八時二〇分、紀子が奄美大島を見つけた。島から離れすぎて名瀬湾を通り過ぎてしまい、逆風の中を戻って名瀬湾入り口の立神《たてがみ》を見つけたのは一二時過ぎになってしまった。

湾内に入ると同時に二枚帆のディンギー、スナイプがでてきて港まで案内してくれた。奄美大島にヨットがいるので三人ともびっくりしたが、雑誌『舵』に〈アストロ〉沖縄航の短信が載ったので、今日か明日かと、毎日、交代で湾口近くまで出て待っていてくれたとわかった。木下徳蔵、東義則ら七人が設計図を取り寄せて自作したヨットだった。

出国許可待ち

六月一三日、三人揃って出国手続きのために役所に出向いたが、役所は名瀬で手続きをすべきか、沖縄との境界にある与論島《よろんじま》で手続きするか迷った様子で保留にされた。沖縄はアメリカ占領地で外国扱いである。

ヨットの出国はもちろん初めてで、〈アストロ〉が名瀬のあと途中の島に寄港するから、名瀬で出国手続きを扱っていいものか困った様子だ。結局、名瀬で書類を整えて国境の与論島・茶花《ちゃばな》で手続きすると決まったが、その間にビザ申請を沖縄に送り、航空便で入域許可書が届くまで一週間待機させられた。

戦争が終わると北緯三〇度以南はアメリカ領にされた。つまり、屋久島と口之島の間に国境線が引かれ、吐噶喇列島と奄美諸島も沖縄同様に米占領地になったが、吐噶喇列島は一九五二（昭和二七）年、奄美諸島が翌一九五三（昭和二八）年に、さらに小笠原諸島は一九六八（昭和四三）年に日本に返還される。沖縄が返還されるのは、〈アストロ〉訪問から六年後の一九七二（昭和四七）年まで待たねばならない。

ビザが届くまでの一週間、東、木下たちヨットグループの若者が毎日、真佐子と紀子を観光に誘い、大島紬の作業場なども案内してくれた。本当は、年齢も近い独身の紀子が目当てだったのかもしれないが、夜は〈アストロ〉のコクピットで遅くまでにぎやかに話がはずんだ。東と木下の案内で特産のスモモの買い出しに行くと、農家はもう出荷も終わりだからといって三〇〇円で抱えきれないほどのスモモをくれたりした。

壱雄は、その間も和暦の計算に精を出し、疲れると読書で過ごした。読書といっても、壱雄は小説など文学にまるで興味がなく、暦学や天文の専門書しかヨットに積み込んでいない。

雨に降りこめられると狭い船内で、女二人が一触即発のピリピリしたやりとりを繰り返すから、二人が毎日出掛けてくれて一人ヨットに残るのは何にも代え難い安息の時間だ。梅雨明けかと思わせる太陽に灼かれた翌日は、またスコールが襲ってくるなど不安定な日が続くが、毎日若者たちが女性二人を放っておかないから、二人の間のきしみも名瀬では霧散して楽しい滞在だった。

一九六六年六月一八日、出国の書類がすべて揃い、翌早暁に〈アストロ〉は徳之島をめざすことになった。その夜、沖縄からきている芝居と琉球踊りの公演に、東が二人を誘った。

ぷーんと便所の匂いのする映画館は超満員。その日の演目がすべて終わると座長が挨拶し、沖縄の者は芝居にくるのにもパスポートが要り、出入国で検査ばかりされるのが情けない。はやく自由に往き来できるようになりたい、切々と訴えた。

すかさず、満員の人たちからものすごい拍手と声が飛び交った。奄美の人たちも一時同じ悲しみを体験していたから、座長の言葉は他人事ではなかった。そのやりとりが真佐子の胸に一番こたえた。真佐子も終戦間近の大阪で空襲の空の下を逃げまどった体験を持っている。あれから二一年もたったのに、沖縄の人たちはまだ戦時中か敗戦後のひどい世の中のままに置かれているのか。そのことが胸をうった。

六月一九日、真佐子と紀子は前夜の芝居見物で夜更かししたために五時を過ぎて、壱雄に起こされるまで寝過ごしてしまった。コクピットには、見送りにやってきた東と木下が黙って腰掛けて待っている。

湾内を走り始めた〈アストロ〉を追って、東と木下の車が山道を走り、南西に針路を定めて岬の陰に隠れて去るまで、山上の展望台から〈アストロ〉を見送っていた。

意地くらべ

名瀬を離れるとふたたび、さやあてが戻ってきた。「沖縄まで我慢しよう」と、真佐子は自分に言い聞かせるが、沖縄に着いてもお終いでなく、また同じ道を二カ月かけて戻らなければならない。それを思うともう絶望状態で、

《この豚小屋がせめて、もう少し広ければ》

と、日記に記してしまった。

三年前は、不安と恐れでおろおろしながら航海にでたが、不自由で狭いヨット生活を《夢がこうして一日、一日形になっていく》と、楽しくて仕方ない気持ちを記したのに、〈アストロ〉を豚小屋と書いてしまった。

六月二五日、那覇・泊《とまり》に入港し、一カ月の滞在許可をもらった。那覇は真夏になっていた。那覇はにぎやかで大きな街だ。中心部に戦禍の跡はもう見あたらないが、一歩那覇を離れるとまだ舗装路も少なく、畑や禿げたまま木のない丘に戦争の傷が放置されている。

到着したその日から、那覇の人たちが次々に現れては、〈アストロ〉の三人を歓待してくれた。琉球新報が到着の記事を大々的に紹介すると、翌日は沖縄タイムスが追いかけるように〈アストロ〉を取材する。するとまた、琉球新報が〈アストロ〉の航海記を真佐子に求めて、真佐子の航海日記が掲載された。

こうして傍目には楽しそうな那覇滞在の日が一日また一日と過ぎていくが、壱雄は黙って日を重ね、早く本土に帰ろうともいわない。紀子も限界だったのだろう、知り合いの家に泊まっ

て〈アストロ〉を避けた。

そしてある日、真佐子が宣言した。大阪行き貨客船浮島丸のデッキに〈アストロ〉を載せてもらい、三人とも浮島丸で帰阪する、と。壱雄はなにもいわず黙ってそれを受け入れた。真佐子が浮島丸のパーサーに掛け合い、約二〇万円の運送料を半額にまけてもらえることになった。

琉球大学ヨット部の東江《あがりえ》正喜と奥浜隆の二人が、毎日のように〈アストロ〉にやってくる。この二人は琉球大学ヨット部を創設しヨットを始めたばかりだった。温厚でいつもにこにこしている東江と、考える前に走り出す行動的でひょうきんな奥浜は絶好のコンビに見えた。

奥浜は、毎日夜遅くまで〈アストロ〉で話し込んでは、そのままコクピットにゴロリと横になって泊まり、何日も家に帰らない。一両日中に〈アストロ〉を浮島丸のデッキに積み込まなければならないという夜、いつものように奥浜は帰ろうともせず、紀子は外泊中で、壱雄は早く自分のバース（ベッド）に引っ込んでしまっていた。二人だけで名残惜しく話していたとき、ふと真佐子が漏らした。

「いっそ、奥浜君と東江君が乗り込んで姫路まで一緒に行ってくれるといいのに」

その瞬間、眠そうにしていた奥浜が飛び上がって叫んだ。

「それがいい。そうしよう、待っていたんだ」

奥浜は真佐子と紀子の抜き差しならない対立を熟知していたから、自分たちが乗っていければと密かに心配していた。けれど、自分からはどうしてもそれを口にできず、内心じりじりしながら待ち続けていたのだ。

翌朝、東江も即座に賛成して二人はパスポートの手配に走った。真佐子は浮島丸にキャンセルの詫びに出向いたから、もう後には引けない。ビザの滞在期限は一週間しか残っていなかった。

その夜、琉球大の教授が果物カゴを持参して〈アストロ〉に壱雄を訪ね、二人のことをよろしく頼むと丁寧に挨拶してくれた。あっという間の方針変更を壱雄はやはり黙って受け入れ、ホッとしたように出航準備に取りかかった。

ビザが切れる七月二四日中には出港できず、翌朝早く、役所が開く前に那覇の港を離れて、からくも不法滞在にならず与論島をめざした。

三人でも狭くて豚小屋と嘆いた往路だったが、若い男二人が加わって五人になった途端に対立は消え、賑やかに〈アストロ〉は北上を始めた。東江と奥浜は夜、コ

怖いもの知らずの琉球大生２人を乗せた＜アストロ＞は、晴れ時化の下を傾きながら疾走した

クピットにごろ寝して過ごす。二人にとって外洋航海は初体験のはずだけれど、もう何年も経験しているようにどんどん〈アストロ〉を進めた。

与論島からは夜間航海で古仁屋《こにや》まで、そこで名瀬から駆けつけた木下徳蔵も加わって六人で名瀬へ。一日も早くこの航海を終えてしまいたい、その一心だった。

名瀬からも夜間航海を続けて種子島、細島、室津に立ち寄っただけで、須磨港入港が八月一〇日、那覇から一五日間の航海だった。若者の活力を見せつけられたが、往路は梅雨入り間近で低気圧が通過する合間に、夜間航海に乗り出して大変な目にあったが、帰路は安定した真夏の高気圧の下を走り続けたのである。

もの言わぬ人

数々のできごとに遭遇した沖縄航が終わった。その間、女二人のさやあてを眼前にしながら

若い男二人が加わり、なごやかな船上が戻ってきた。海が穏やかな日、楽しそうに語る東江と紀子

黙って耐えて、壱雄は驚きも困惑もそして苦しみも最後まで口から漏らさなかった。

壱雄はおしゃべりである。日和待ちの日、隣り合わせで漁を休んでいる漁船にでかけて、壱雄はにぎやかに天文のことを漁師たちに話して聞かせた。世間話は好きだし話し好きでもあった。その一方で、徳島県小松島で女二人が爆発してやり合ってしまったとき、すさまじいやりとりを耳元で聴きながら、壱雄は仲裁するでもなく、やめろと叱りもせず、ひたすら視線を新聞に落としてじっと待ち続けているように見えた。

常識的な夫なら、まず妻を叱って納めようとしたかもしれない。結果的には壱雄の忍耐強いひたすら待ち続けた処方箋は、人生経験豊富な分別によるものにも見えた。

那覇では、真佐子が東奔西走した末に大阪行きの浮島丸に〈アストロ〉を積み込むと決めると、壱雄は何も言わずそれに従った。そして急転直下、琉球大生の若者二人に同乗してもらって姫路をめざすと決まると、それも黙って受け入れた。

壱雄は、本当は何も考えていなかった。

というよりも考えることができなかった。どうすればいいか判断すること自体を壱雄はやめてしまっていたのではないだろうか。もっと正確にいえば、自分で判断する意思を持てなくなっていた。

真佐子が日々のことを細やかに書き続けた航海日記に、壱雄との〝心の会話〟が記されている箇所があまり見あたらない。そのことを尋ねると真佐子は黙って下をむいてしまった。そして、ぽつりと漏らした。

天文のことや自分の好きなことでは饒舌なほどおしゃべりなのに、ある種の内容になると壱雄はふっと黙ってしまう。特定の話題とか具体的に示すことができることではなくて、なにかに触れると、ちょうどテレビを見ていて突然電源が切れて画面が真っ黒になってしまう、そんな具合にパチンと回路が切れて会話がとまった。

航海で直面した緊張や怖かった体験、それを凌《しの》いだ喜び、出会った漁師さんの心情のこと、真佐子がいう〝心の会話〟になると、壱雄はふっと黙って何も答えることができなくなったりする、と。

できごとの印象や思いを話し合わない夫婦は世間で珍しくない。だから、都会での日常生活では気づきにくかったが、冒険がついて回る非日常の航海、それでいて生活をひっさげて進む船の旅。そんな一日、一日を重ねていると、壱雄の不思議に真佐子は気づかないわけにいかなかった。

もうひとつの孤独な航海

航海中の感動や不安、海況が急変して、切迫した判断を強いられる時ですら沈黙のままになったりする夫を真佐子は黙って見守ることにした。戸惑いが不審に、さらに疑念に変わろうとする気持ちを飲みこんで、自分が支えなければと覚悟した。

真佐子は、壱雄が自分の考えを表現できないことや、判断を求められると困惑して沈黙するのは、中学中退で教養がないからだと最初は割り切ろうとしたが、それだけでは説明のつかない場面に何度も直面させられた。壱雄は天文学を独学で身につけ専門書を次々に読破したし、『文藝春秋』も購読していた。学歴はその人の知識や教養と直結しないけれど、素養のない人が文春を読んだりしないだろう。

壱雄は、毎日海をみつめ、前に進むことばかりを考えていた。航海距離を計算し、今日の航程は何マイルで何時にどこまで進めるか、計算は得意だからそういう即物的な計画には面倒がらず取り組んだ。ひたすら理系脳だけを使うようになっていた。

ヨットを造るとき、交渉ごとを避けて奥村ボートに預金通帳を渡したのも、人との折衝をしないで済ませる知恵だったのだろうか。壱雄は、現代では発達障害と呼ぶ痛手を負っていたのかもしれない。

実は、真佐子も心の痛みにとらわれてきたという。

五歳のとき母を失い家族がばらばらになって、上野ふさをの家に引き取られたが、以来〝捨てられた〟意識から抜け出せず、どこかに取り残されるのではという恐れを抱き続けてきたという。それを真佐子は自分で〝不安症〟と呼んでいる。

「世間的には壱雄は頼りない男でした。でも、私が不安症をしつこく訴えても、いつもやさしく聞いてくれました。答えをくれることはなくても、最後まで耳を傾けてくれるだけで心が落ちつきます。

夫の優柔不断に、いらいらして当たり散らしましたが、壱雄は一度も声を荒げたことがありません。それが私には一番の救いでした。そのかわりに壱雄が判断できなくて困ったときは、私が支えになって背中をどんと押せばいい、そう思うことにしたのです」

二人がそれぞれ、心に痛みを抱いてすすむ孤独なふたつの航海がそこにあったのである。

沖縄航で痛手を受けたばかりだが、真佐子はひそかな願いを北海道への航海に託していた。北の海を訪れて長年の夢がすべて形になったとき、壱雄を圧迫する何かが和らいでくれるかもしれない、そして、閉ざされた心の扉が少しだけでも開いて欲しい。そんな淡い願いを抱いていた。

生涯の恩師

道がひらける

洗濯、片付け、真佐子はバタバタ後始末をしながら、新聞求人欄を丹念に目で追っていた。そこへ友人から耳よりな情報が入ってきた。淀川キリスト教病院が助産師を募集している、と。この病院は一九五五（昭和三〇）年、米国教団の寄金で創設された病院で阪急京都線を挟んで自宅の西側にあり、徒歩で通勤できる病院だ。いまは関西を代表する大病院だが、ベッド数六〇のこぢんまりした規模から始まった。

真佐子は迷った。半年だけの期限付きでは採用されるはずがないけれど、そんな悠長なことを言っていられる状態でなく家計は火の車、追い込まれていたから思いきって病院を訪ねると総婦長さんがすぐ会ってくれた。総婦長といえば年配の怖そうな人かと思っていたら、現れたのは美貌ですらりとした長身の人だった。しかも若い人なので真佐子はびっくりした。

型どおりの応募事情を話したが、真佐子はそれよりも、日焼けした真っ黒な顔を気にしていた。美人といえば色白女性に決まっていたが、ちょうどその年、小麦色の肌が資生堂のキャンペーンでもてはやされ、大胆な水着姿の前田美波里《びばり》が大人気だった。

とはいうものの、沖縄へ四カ月も航海してきた直後だから、欲目にみても深煎りコーヒー色の顔で、真佐子はそれをしきりに弁解した。「そんなことを気にすることはありませんよ」、笑いながらやさしく総婦長が言ってくれたのが、とにかく嬉しかった。

真佐子は問われるままに、継母の助産所の仕事が恥ずかしかったことまで話してしまった。総婦長は黙って話を最後まで聞いてから、助産師はそんなに卑下する仕事どころか誇りにしていい尊い役目なのだと、嚙んで含めるように話した。その総婦長が病院のナンバー2で、看護部トップ竹村好香《よしか》（当時五一歳）だった。真佐子は無事病院に採用された。

この病院はアメリカ流病院運営を日本に定着させようとしていた。看護と病棟運営は総婦長が総責任者で病棟では医師も総婦長の指揮下に置かれる。この方針に日本では医師からも看護師からも理解が得られにくく、総婦長候補に困った院長ブラウンが主婦におさまっていた竹村好香を招いた。

二〇代で東京の聖路加病院で看護部のマネジャーを務めた好香の経験が買われてのことだっ

た。好香が米国での研修留学を終えて、総婦長になって仕事に取り組んでいたときに真佐子が現れたのが幸運だった。

好香が米国に実務研修留学したのはケネディ大統領が凶弾に倒れた直後だが、第二次大戦後のパックス・アメリカーナ、つまりアメリカが理想に燃え、自由と民主主義とそしてその豊かさを謳歌した時代だった。そんな時代の米国の病院で、好香は〝良きアメリカ〟を身が震えるような思いでどん欲に吸収していった。教団経営病院の理想を掲げた人道主義にも心から感銘をうけたという。

真佐子が面接で真っ黒の顔が恥ずかしいと話したとき、好香は米国で黒人が言い様のない差別に苦しんでいる姿を思い起こして、肌の色などなにも気にしなくていいと心から諭したのだ。

良き時代のアメリカを体現

真佐子が病院に勤めて七カ月、一九六七（昭和四二）年四月、〈アストロ〉は最後の難関である北海道一周航海に再挑戦することになった。

本来ならさっさと辞表を出すところだが、真佐子は逡巡した。この病院を辞めたくない、しかしヨット旅行は続けなければならない。いくら考えても妙案がないので、もうありのままを再び好香に話すしかない。覚悟をきめて秘書に面会のお願いをした。

真佐子から話を聞き終わると、好香が即断で答えた。

「行ってらっしゃい。休職扱いにしましょう。ただし、その間お給料はなしですよ。一〇月末まで六カ月だけですよ」

またこの病院に帰ってくることができる。思いもしなかった好香の笑顔に真佐子は、もう泣きだしそうだった。当時、そういうおおらかな休職処遇などあまりなかっただろうし、周囲の声はどうだったろう。

「初めてのケースでした。本当はね、困りました。ほかのスタッフはもう散々不平を言いましたし。でも簡単、私に直接不平を言ってこられる人はいませんから、耳に届いていない振りをしました（笑）。代わりの人を入れると秋に神田さんが入れる余地はなくなりますから、残った助産師のローテーションを少しきつくして、みんなでやりくりしなさいって」

好香がアメリカで学んだことのなかで、自由ともうひとつ、一人ひとりが自分の人生を創っていこうとする個人主義が、なによりもすばらしいと心に刻んでいた。日本では個人主義を利己主義だと言うがそれはまるで違う。

その恩恵を誰よりも好香自身が与えてもらった。だからこそ、この病院でアメリカの理想主義を少しずつでも実現したいと燃えていたのである。

日本では、なにか新しいことを提案すると「前例がない」の一言で却下されるが、前例がないからこそ新しい提案なのだから、「前例がない」と言ってしまえば最初から何もできる余地などなくなってしまう。あるいは、すばらしいアイデアや挑戦を申し出ても、「あなたに許可すると、他の全員にも許可しないといけないからあなただけを特別扱いできない」

これも封じてしまう。

自分の全生活をかけた挑戦など、誰もがやれるはずがないからこそ挑戦の名にふさわしいのだが、理屈にならない理屈で、とかくこの社会は個性を認めず押さえ込んでしまおうとする。好香がアメリカで教えられたのは、他人を気にして自己抑制したり、いつも他人と同じでいなければならないなど、これらが一番良くないことで、自分の人生は自分で創れという精神だった。

「北海道へのヨット航海の話を聞いて、本当にすばらしいと思いました。病院の都合を考える前に、まず、この人が挑戦しようとしていることにどんな手を差しのべられるか、それが自分の役割だと直感しました」

好香と出会ってからは、次々に自分の行く先に明るさが射しこんで呼び寄せてくれる。良い時に良い人に真佐子は巡り会うことができた。

晩年の好香は、毎週日曜日に欠かさず大阪・中之島にあるキリスト教会の礼拝に通い、その日の牧師の説教を録ったカセットテープを持ち帰って、文字としてパソコンに入れ直すテープ起こしを引き受けた。教会のホームページに三日後にはそれが掲載された。若いときから英文タイプは鍛えぬいていたから、この作業を苦にせず九八歳まで続けた。現在はその役割を八七歳の真佐子が引き継いでいる。

好香の足が弱ってからの二〇年ほどは、自宅最寄り駅である阪急西宮北口で真佐子が迎えて、二人連れだって教会に通った。二〇一五年、好香は家族と真佐子に見守られながら一〇〇歳の生涯を終えた。

第六章　ヨット、最果てを走る（北海道一周）

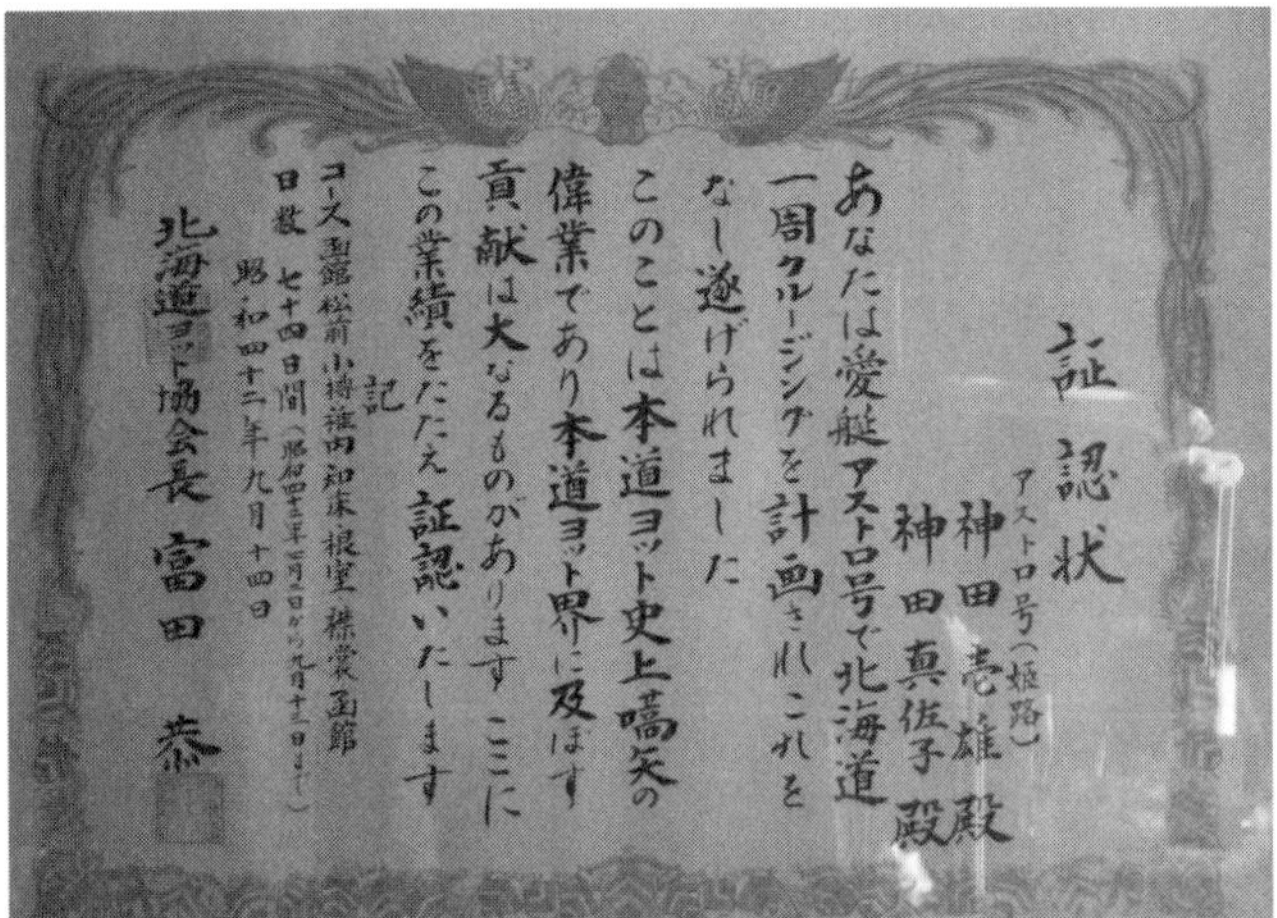

証認状

アストロ号（姫路）
神田壱雄殿
神田真佐子殿

あなたは愛艇アストロ号で北海道
一周クルージングを計画されこれを
なし遂げられました
このことは本道ヨット史上嚆矢の
偉業であり本道ヨット界に及ぼす
貢献は大なるものがあります　ここに
この業績をたたえ証認いたします

記

コース　函館 松前 小樽 稚内 知床 根室 襟裳 函館
日数　七十四日間

昭和四十二年九月十四日

北海道ヨット協会長　富田恭

1967年9月14日、北海道ヨット協会長富田恭から壱雄に手渡された証認状。＜アストロ＞が北海道一周初記録と証明される決め手になった。同時に日本一周初記録になった日でもある

北海道一周

1967年（昭和42）4月30日～10月20日
1968年（昭和43）8月12日～10月12日

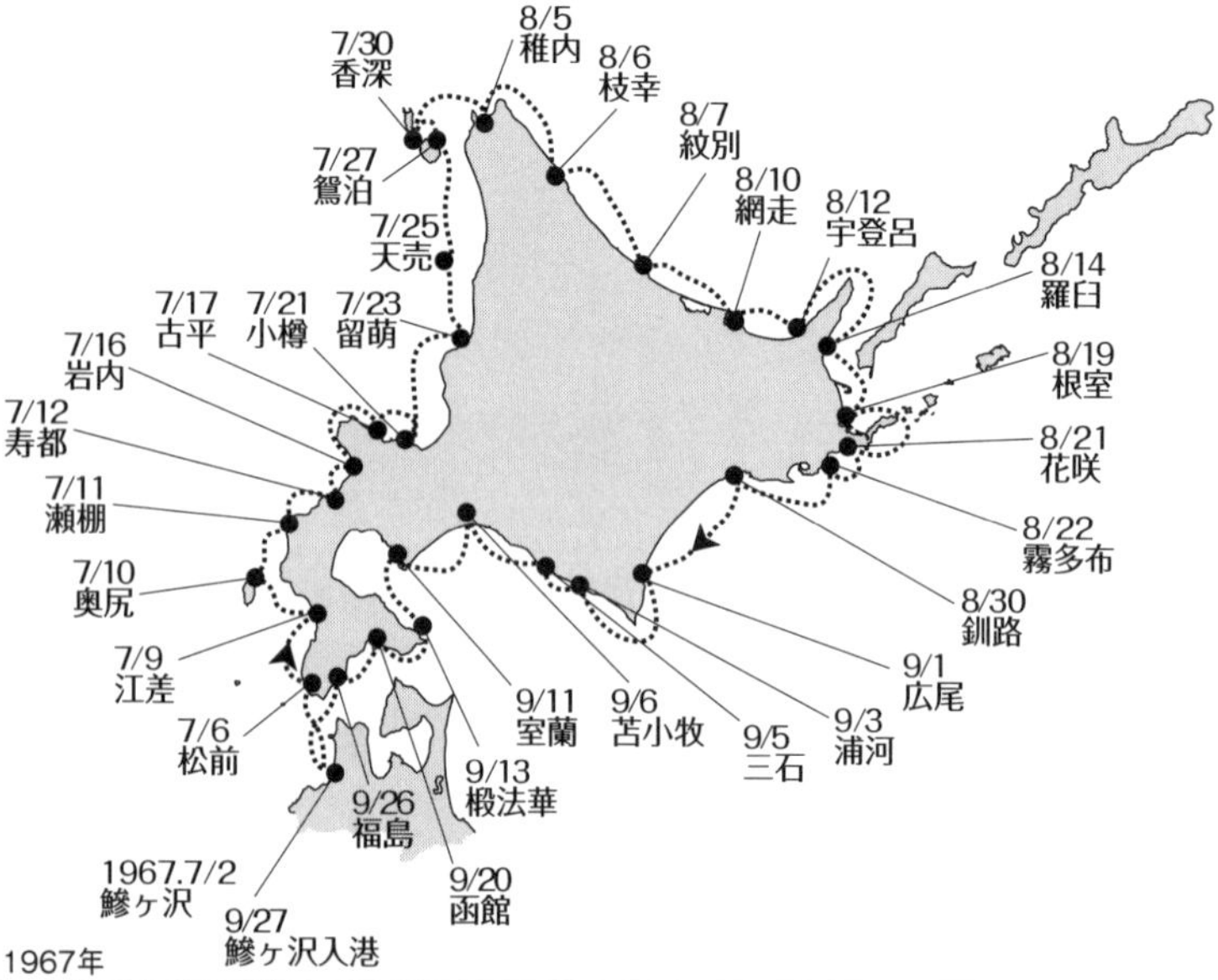

1967年

月	日	出港地	入港地	滞在日数
7	2	鰺ヶ沢	松前	4泊
	6	松前	江差	3泊
	9	江差	奥尻	
	10	奥尻	瀬棚	
	11	瀬棚	寿都	
	12	寿都	岩内	4泊
	16	岩内	古平	
	17	古平	小樽	4泊
	21	小樽	留萌	2泊
	23	留萌	天売	2泊
	25	天売	鴛泊	2泊
	27	鴛泊	香深	3泊
	30	香深	稚内	6泊
8	5	稚内	枝幸	
	6	枝幸	紋別	
	7	紋別	網走	3泊
	10	網走	宇登呂	2泊
	12	宇登呂	羅臼	2泊
	14	羅臼	根室	5泊
	19	根室	花咲	2泊
	21	花咲	霧多布	
	22	霧多布	釧路	8泊

月	日	出港地	入港地	滞在日数
8	30	釧路	広尾	2泊
9	1	広尾	浦河	2泊
	3	浦河	三石	2泊
	5	三石	苫小牧	
	6	苫小牧	室蘭	5泊
	11	室蘭	椴法華	2泊
	13	椴法華	函館	7泊
	20	函館	福島	6泊
	26	福島	鰺ヶ沢	
	27	鰺ヶ沢	岩館	
	28	岩館	船川	2泊
	30	船川	秋田	
10	1	秋田	酒田	2泊
	3	酒田	鼠ヶ関	
	4	鼠ヶ関	新潟	5泊
	9	新潟	佐渡・小木	
	10	佐渡・小木	蛸島	
	11	蛸島	輪島	
	12	輪島	福浦	5泊
	17	福浦	大野	2泊
	19	大野	三国	
	20	三国	敦賀	

あいまいな日本の記録

周航記録は三艇だけ

〈アストロ〉が北海道一周航海に向かう前に〈アストロ〉以前に日本一周したヨットがいたかどうか、その検証をしておきたい。

〈アストロ〉とすでに取り上げた林茂の本州一周以外に、長期航海の記録は〈NORC東海支部年表〉に《一九六二・九・九〈ヤワイヤ〉日本周航完成（自作艇、冒険クラブ、京都）》（注、帰港期日は九月八日が正しい、筆者）。この一行だけが見つかった。

〈ヤワイヤ〉とはいったい何者なのか。

京都の高校山岳部出身者が中心の大学生グループ〈冒険クラブ〉は、最初の南極越冬隊長で日本原子力研究所理事長の西堀栄三郎が後ろ盾になっていた。冒険クラブはヒマラヤ探検を目標においたが、大学名門山岳部でもない彼らにヒマラヤ遠征の文部省許可が下りる可能性はゼロに等しい。そこで、いっそ誰もやっていないヨットでの日本一周記録に挑戦しようとヒラメキで提案したのが、リーダーの大浦範行だった。

学生たちは『ヨット工作法』（舟艇協会出版部）一冊を頼りに、設計図を自分たちで描き、一〜二名がレンタルヨットに乗ったことがある程度だったが、ヨット自作に挑戦した。そして一九六一（昭和三六）年六月、若狭湾小浜《おばま》海岸で、二一フィートの自作ヨット〈ヤワイヤ〉が見事進水を果たした。

形は洗練されていないが、十分に安全性と堅牢性を確保した二枚帆のヨットである。さっそく大浦が船長になり、学生たちが交代で乗って日本海を北上し、津軽海峡を抜けて秋に銚子まで航海する。

翌年、さらに南下して九州を回って一九六二年九月八日小浜に帰港して、大航海を終えた。

黙殺された〈ヤワイヤ〉号

この大冒険は翌年、朝日新聞社から『ヤワイヤ号の冒険』（大浦範行、河村章人共著）として刊行され、『文明の生態史観』（中央公論社）で有名な文化人類学者梅棹忠夫（後に初代国立民族学博物館館長）が〈まえがき〉を寄稿している。同書は筑摩書房『ノンフィクション全集』（全二四巻）の第一二巻にも収録（抜粋）された。

ところが、ヨット雑誌のどこにも〈ヤワイヤ〉は見つからなかった。

「あんなものはヨットじゃない。彼らは誰一人ヨットを学んだヨットマンじゃない。あれがヨットの記録だなんて心外だったのですよ」

往時を知るベテランヨット乗りは、〈ヤワイヤ〉がなぜヨット界から無視されたか、当時の空気を教えてくれた。しかし、第二章で触れたように、最初にヨットで単独世界一周したジヨシュア・スローカムは、経験豊富な船員ではあったが《わたしはヨット航海の経験がまったくない》と『スプレー号世界周航記』（草思社）で記しているし、〈スプレー号〉自体もポンコツ漁船を自分で修復改造したものだったのである。

ノンフィクション全集の第一巻は、世界初のヒマラヤ八〇〇〇m峰登頂のエルゾーグ（後の仏青少年スポーツ相）『処女峰アンナプルナ』、ヘイエルダール『コン・チキ号探検記』、ヘディン『中央アジア探検記』であり、いずれも世界探検史に残る不朽の名作ばかりだ。〈ヤワイヤ〉が収載された一二巻には、リンドバーグ『翼よ、あれがパリの灯だ』が一緒に並んでいる。

この全集に収録された日本人の記録はチベット探検の河口慧海『チベット旅行記』、桑原武夫『チョゴリザ登頂』などの名著がならぶが、その一方で堀江謙一『太平洋ひとりぼっち』、先に掲げたスローカム『スプレー号世界周航記』（米国）などが外れており、山に厚く海に無関心な選考の偏りがみられる。

日本一周とは何か

〈ヤワイヤ〉、〈コンパスローズⅡ〉、〈アストロ〉、記録が残された三隻で一番古いのは〈ヤワイヤ〉である。だが〝日本一周〟とは何か、その定義をまず確かめておかなければならないだろう。

林茂は本州だけを回ったが、これを雑誌『舵』もＮＯＲＣも〝日本一周〟と記事にした。〈ヤワイヤ〉も北海道は函館に立ち寄っただけである。その『ヤワイヤ号の冒険』を梅棹忠夫も日本一周と記し、〈ヤワイヤ〉が航海を終えて小浜に帰ったときの朝日新聞（一九六二年九月八日）の見出しは《ボクたちは日本一周》だった。

これらをみると北海道はいまもって日本でないかのようだ。

日本の基幹四島（北海道、本州、四国、九州、現在は＋沖縄）を回れなかった場合、それはどの島だろうか。

例外なくそれは北海道である。北海道を訪れるヨットが津軽海峡で折り返すのは、濃霧への恐れと国境の危険を避けたいからである。その危険水域への挑戦から逃避して〝日本一周〟と呼んでしまえば、危険を克服して冒険を遂げたヨットに対する冒瀆になりかねない。

チベット探検の河口慧海と西域探検のヘディンも、冒険の危険とは政治的禁断の地への入域にあったことを忘れてはならないだろう。決して自然の厳しさだけが挑戦の対象ではないのである。

誰一人挑戦しない濃霧の国境海域、知床岬から納沙布岬《のさっぷみさき》にいま向かおうとしている〈アストロ〉の二人はやはり先駆者だった。

北海道抜きの航海

『ヤワイヤ号の冒険』の〈まえがき〉で梅棹忠夫は記す。

《ヨットで日本を一周するということは、現実に、おそるべき冒険である。かれらは、細心の注意と、大胆さをもって、つぎからつぎへとあらわれてくるさまざまな危機を、ひとつひとつ切りぬけてゆく。そこには、外洋航海とまったくちがった、沿岸航海のひじょうなむつかしさがある。（中略）しかし、（各新聞の）記事は、「日本一周」という結果にだけ重点がおかれていて、そのヨットがかれらの自作であるという点に力点をかけたものはひとつもなかった》

梅棹は〈ヤワイヤ〉が遂げた冒険のすごさを、簡潔にそしてあますところなく評価した。しかし同時に梅棹は、〈ヤワイヤ〉の若者たちが、北海道周航から逃げてしまったことを不問にしている。

〈ヤワイヤ〉が小浜を出立し敦賀へ進んだ第一日目、前線通過による猛烈な風に襲われ、巡視艇に曳航されて這々《ほうほう》の体で敦賀港にたどり着く。全員意気消沈して動けなくなってしまった。不安に押しつぶされていたとき、隣の機帆船〈第五安勢丸〉の川上源一郎船長にどやされてしまう。

《一回、シケに会うたぐらいで、ケツを割るようでは、はじめっから海などに出てくるな、青二才め、そんなことでは、男として面目が立つまい》

このひとことで目が覚め、〈ヤワイヤ〉はもう一度海に出て行く決心をもつことができた。いいときに立派な人に巡り会えたものだ。その一方で、小浜海上保安部の無責任な男に脅されてもいた。

《この計画の当初は、全日本を一周する予定であった（傍点筆者）。けれども、このヨットでは能登半島も回れまい。まして、北海道を回ることなんか無理な相談だと、保安部で決めつけられた。だから敦賀を出航するときから、北海道をはぶくことになっていた》

北海道を含めたのが〝全日本〟と、弁解を記したことに大浦の弱さを感じてしまうのである。

〝一周〟航海もなかった

それが未踏記録をめざす冒険であればあるほど、わずかでも隙を見せればするりと入り込んでくる〝不安〟との闘いであり、真の冒険とは、歴史上たった一度、一人だけに与えられる〝記録〟によってあがなわれる心の喜びであるはずだ。

航海を重ねるなかで、心ない凡百の徒の言葉など忘れてしまえば済むはずだったが、大浦の気持ちは逃げたままだった。

《これからいよいよ能登半島である。漁師は〈ヤワイヤ〉を見て、こんな船で能登半島はとても無理だという。（能登半島突端の）禄剛崎《ろっこうざき》は、暗礁が一マイルも沖に出ていて、（中略）ここで難破する船は数多く……》

逃げるための弁解をくどくど記してしまう。

そして金沢から七尾に戻る漁船を摑まえて、金沢から能登半島禄剛崎を回って七尾までの曳航を頼んで、禁じ手を使ってしまった。

能登半島が格別厳しいわけでもないのに、大人たちはなぜ若者を怖じ気《おけ》づかせたのだろうか。大浦たちが挑戦しなかったのが本当に惜しまれる。

だが曳航を頼んだ瞬間に〈ヤワイヤ〉は冒険者から脱落してしまった。〈ヤワイヤ〉がやってのけた挑戦のすばらしさは何一つ損なわれないにしても、〝日本一周〟を標榜するのは無理であったと言わざるをえない。

日本最北端へ

津軽海峡

一九六七（昭和四二）年四月三〇日に的形をでて二カ月になる。初夏の日本海はおだやかでいいお天気が続くと聞いていたけれど、ずいぶん雨が多かった。青森県津軽半島の付け根にある鰺ケ沢《あじがさわ》は、三年前の本州一周のときにも立ち寄った。そのときは港がびっしり漁船で埋まり、能登からきていた漁船の人たちに親切にしてもらったけれど、いまはあまり漁船もいなくて静かだ。木立の奥からカッコウの声も聞こえてくる。

コンコン、コンコン、キツツキが木の幹をつついているような音で目が覚めた。空はようやく白み始めたが船内はまだほの暗い。気になって壱雄がハッチから顔をだして見回すと、目の前に漁師が五〜六人も現れてびっくりした。

ヨットの船体が木でできているのか、ＦＲＰ製なのかが話題になり、コンコンたたいて確めていたそうで人騒がせな男たちだ。ヨットが珍しくて見物の人が多いのは仕方ないけれど、夜明けに黙ってハッチをあけて、キャビンの中にぬっと顔をつっこんで見回したり、目を覚ますと目の前にいかつい男の顔が大写しに現れて心臓がとまりそうになったこともある。

漁師は人は良いのだけれど、都会流の礼儀を知らない人が多すぎて、港にはいってもなかなかゆっくり休養できないことが多い。漁船の人たちからみると、朝五時は夜から続いた操業が終わって港に戻り、仕事あとの息抜きの時間だから、都会の勤め人の午後五時の感覚なのである。

七月二日、うねりは残っているが空は晴れている。六時三〇分に鯵ヶ沢を離れる。北風で少し走りにくいが、まるで秋空のように深く、深く澄み切った青空に、紫の影をまとった雲が浮かんでいる。いよいよ津軽海峡を渡って北海道に向かう日だ。

沖にでると北海道松前半島がもう見えてきた。フルセールでどんどん走った。ところが龍飛崎を過ぎた途端、津軽海峡を抜けてくる北東の風にぶつかって白波が立ち、〈アストロ〉は三〇度かそれ以上も傾いて猛然と走り始めた。

真佐子は右舷の手すりにしがみついて身をかたくした。左舷デッキを波がザザアーッと洗って流れていく。そして北海道がぐんぐん近づいてきて、一三時半に松前に着いてしまった。待望の北海道だ、そう思うのだが期待したほど感激が湧いてこないのは、二度目だからかもしれない。舫いをしっかり固めて、海の向こうをみると龍飛崎が防波堤の上に浮かんでいた。

未知の海

北海道はまだ夏にはだいぶ間があるのだろうか、一日天気が回復するとまたすぐ雨になり、雨の日のヨットは寒々と冷え込んで、厚着をして凌がなければならない。

江差から奥尻島《おくしりとう》へ渡り、また本土の瀬棚《せたな》へ戻ってジグザグに進んだ。瀬棚の北側には、最初の関門である茂津多岬《もつたみさき》がある。

ヤマセが吹くと山からの吹き下ろし風が強烈なことで知られている難所だ。しかし、真佐子の航海日記に茂津多岬の名前はでてこない。岬は瀬棚の北一〇マイルにあるのだが、日記の茂津多岬はこんな描写になっている。

《七月一一日、港をでるとうねりと波が高くなった。まもなく前方が暗くなって視界がほとんどなくなった。風は南の追っ手だからなんとか行けるだろう。その岬なんかすごい断崖絶壁で、霧が上の方を隠しているが、見えていたら恐ろしくなるほどだろう》

幸い南風に押されて、なんなく茂津多岬を回って次の関門、弁慶岬をめざす。

《波が高くなって、弁慶岬では三角波でヨットはもてあそばれ、滑り台のような波に追いかけられて、ざあっと走ると今度は横からも波がきて、二時間ほどは口の中がカラカラになってしまった》

弁慶岬をやっとの思いでかわして寿都《すっつ》に〈アストロ〉は逃げ込んだ。

航海生活が二カ月を超えて疲労も重なってきたのだろう、真佐子は体調も悪く毎日頭痛に悩まされている。港に入っても、風が強まればアンカーを調べ、舫いロープの具合を調整しなければならないから、いっときも油断できず壱雄も疲れを感じている。

風呂からの帰り道、真佐子が週刊誌で読んだ話をしているのに、壱雄がただ「うんうん」とうなずきながら、実はなにも聞いていないとわかって、腹を立てて夕食の買い物もやめて口をきかずに帰ってきた。二人は気づいていないが、北海道の海の厳しさに疲労がたまり始めていたのである。

北国にも夏

七月一三日、北海道岩内《いわない》の朝は、深い深いじっとり重い霧の下で夜が明けた。前日の雨はひとまずあがったものの、沖に見える防波堤がぼんやり見えるだけなので出航はとりやめる。こんな日は、船で休養してラジオを聴いて過ごすのが一番だ。

それにしても寒い。デッキに立っていると目に見えない細かい霧の水滴が、いつのまにか洋服を湿らせて濡れた衣服が身体から熱を奪っていく。そして影絵の町が灰色に沈んでいる。

ラジオが鹿島郁夫の〈コラーサ〉号のニュースを繰り返し始めた。いよいよ今日、太平洋をたった一人で渡ってきた〈コラーサ〉が東京湾に入り、夕刻には横浜に到着するとのこと。壱雄と真佐子は、〈コラーサ〉に他人とは思えない親近感を抱いている。五年前、初めて的形を訪ねたとき桟橋に繋いでいた小さなヨットを見せてもらった。窓もないような低くて、狭い穴蔵のヨット、それが鹿島の〈コラーサ〉だった。夕刻、〈コラーサ〉は無事横浜に到着した。

風もやみ、北国の抜けるような青空が一面に広がってくると、日差しが夏の暑さまで運んできた。ニュースは東京と大阪は三〇度を超えて不快指数八〇%以上といっていたから、それに較べれば暑いといっても岩内はカラリとさわやかで、話にきいていた北海道の夏はこんな日和が続くのだろうかと不思議に感じた。

さっそく、霧と雨が忍び込んで湿気がたまって重い夜具をデッキにならべて干し、船内の大掃除に取りかかる。壱雄はエンジンの修理を待つ間、船体のペンキ塗りとニス塗りに精をだしている。

七月一六日朝も快晴。早々と食事も済ませてエンジン屋がくるのをじりじりしながら待った。もう待てなくて壱雄が呼びに行って職人二人を連れてきて部品を取り付けてもらい、出航できたのは七時四五分になっていたというから、ずいぶん朝早く職人を呼びにいったのだろう。

朝の出立が遅くなったので小樽まで足を延ばすのは無理になったが、陽が高くなるにつれて西風になって具合よく帆走できた。

《斧の刃を海にむけているような形で迫ってくる。その先に、大きな直立岩（神威岩）がそびえている》

神威岬《かむいみさき》の奇景に感嘆した。その次の積丹岬《しやこたんみさき》に向かうときは追っ手風になってよく走った。どちらの岬も、あっけないほど簡単に通過でき、そして積丹半島を東側に回りこむと、すっと波が消えてうねりもなくなった。石狩湾にはいったのだ。古平《ふるびら》漁港に入り、翌日一七日一〇時三〇分に念願の小樽に入港した。

小樽に着くと、真佐子はまっさきに郵便局へ駆けつける。真佐子はおおよその到着予定日と港を伝えて手紙を局留めで送ってもらうことにしていた。女学校時代からの親友・荒木をはじめいろんな手紙の束の中に淀川キリスト教病院の同僚からの手紙もあった。病院が忙しくて大変だから一日もはやく帰ってきてと言われると、やはり後ろめたい気持ちを拭いきれない。

二人はあこがれていた札幌見物にもでかけた。まだ蒸気機関車が客車をひっぱっていた時代だから、小樽から札幌までSL列車に乗って一時間ほどかかったが、いまは頻繁に往き来する快速電車で三二分だ。

天売島へ

七月二一日晴れ、石狩湾を真北にのぼって雄冬《おふゆ》港を予定していたが、あっけないほど早く着いたのでそのまま通過し、雄冬岬を回って増毛《ましけ》も通り過ぎ留萌《るもい》まで進むことができた。

石狩湾の北の関所が雄冬岬といわれている。雄冬岬も、七月でも残雪をまとっている暑寒別《しょかんべつ》岳《だけ》（一四九一m）が海にせり出して作り上げた岬で難所のひとつだが、雄冬岬の名前に気づかないまま通過してしまった。それほどおだやかに夏の北日本海は〈アストロ〉を北へ、北へと誘ってくれている。

留萌港の入り口で、思いがけなくスナイプ（国体用のディンギーヨット）が帆走しているのに出合った。このヨットも自作でセールに大きく〈北海灘〉と書いてあり、船名が勇ましい。

翌朝、ディンギーの佐田勉と彼の友人佐光宣夫の二人が〈アストロ〉にやってきて質問攻めにあった。二人は初めて見る外洋ヨットに興奮して昼頃まで話し込んだので、この日の出港をとりやめ、翌日の日曜日二人も天売島《てうりとう》まで三二マイルの航海に参加することになった。

羽幌《はぼろ》の沖合、約三〇kmに浮かぶのが天売島と焼尻島《やぎしりとう》の二島で、どちらも明治時代にはニシン漁の基地として輝く日々があった島である。

真佐子は張り切ってお弁当づくりに精をだし、四人で七時に出港した。佐田は舵柄をにぎって嬉しくて仕方ない。とうとう天売まで六時間、ずっと舵を持ち続けたのは二度とこんな機会はやってこないと思ったからだ。

夫と二人だけのときは少々荒れても気が張るから、真佐子もあまり船酔いしないのだが、ゲストが乗ると気が緩むせいか必ずひどく船酔いする癖があった。この日も、ややうねりはあったものの荒れているわけでもないのに、気分がふさぎキャビンで横になってしまった。

船体が波にたたかれる音が消え、エンジンをかける音がしたと思ったら天売港だった。デッキにでてみると、もう目の前に天売の港があり、赤いトタン屋根に大きく「天売駅」と書かれた連絡船の待合所が待ちかまえている。現在は天売島と焼尻島は羽幌とフェリーで結ばれているが、〈アストロ〉が訪問した時は苫前《とままえ》が本土側の港だった。

午後の連絡船が着くと、リュックを背にした女子大生が大勢降りてきた。男子学生は横長のキスリングと呼ばれていた大型リュックが多かった。一カ月乗り放題の国鉄周遊券を使って夏休みにユースホステルや民宿に泊まりながら北海道をめぐるのが、大学生に大ブームになっていて、夜行列車は学生たちで満員だったが、不便な離島にまで若者たちは押しかけてきた。

折り返しの連絡船で佐田と佐光が帰って行った。二人を岸壁で見送ってしまうと、自分たちだけが取り残されたようで、真佐子は寂寥感《せきりょうかん》に沈み込んでしまった。島に上陸した学生たちは明るく華やいで、いかにも旅を満喫している様子をみると自分の青春時代とつい比較してしまう。いま目の前で笑い転げている若者たちがまぶしくて仕方なかった。

日が落ちると、ひんやりした空気が船内を通り抜けていく。今日大阪は天神祭の宵宮だ。

利尻島

北国の朝は早い。三時半を回るともう東の空が白み始める。

しかし、この日はいつまで待っても朝がやってこなかった。濃い灰色のとばりが天売島の港を覆って沈んだままである。もう五時を回ろうとしているのに、ぽつんと港に立っている外灯がまだ鈍く光っている。濃霧の朝だ。

七月二五日、利尻島まで約五三マイル（海里）を乗りこなそうと早起きしたけれど、壱雄は霧の重さにたじろぎ、まだ迷っていた。多分、島の上空にはもう日が昇っているのだろう、真上だけが霧も少し薄いように思われた。やがて少しずつ視界が広がるのを確かめて、ようやく出航することにした。

港を出て振り返ると、島の北端の断崖とその裾を埋める岩礁にあたって砕ける白い泡立ちだけが、ぼんやりした灰色の世界の中で、なぜかくっきり浮かんでいた。それもすぐ霧の中に溶けてしまい、〈アストロ〉の周りは海とも空とも判別がつかない茫漠とした世界になった。北へ、北へ。

何も見えない霧の海で、日本の果てにいる〈アストロ〉と自分たちを実感しようとあれこれ想像してみるのだが、淋しい灰色の世界をみているばかりではなにひとつ実感に結びつくものがない。

幸い南西の風を斜め後から受けて、〈アストロ〉は小気味よく走っている。波と風の音だけがさわさわと続き、一隻の漁船にも出合わない。五時間ほども単調な航程が続いたとき、突然、上空の霧が動き始め、思いがけないほど高い空に凜然とした利尻山の頂きが姿を現した。

そして〈アストロ〉の正面にその姿が拡がっていく。二人は頂上に向かって迫っていく険しい山容を、言葉もなくみつめた。孤高の島、これが利尻島だ。昼の太陽が霧を溶かしてしまったのだろうか、いつの間にか利尻の全容が大きく前方を塞ぐように構えている。

「とうとうやってきた」

利尻島に寄り添うように近づいていく小さな〈アストロ〉が、孤高の島と一体になって、堂々と北の海に航跡を曳いて走っている。

〈アストロ〉は島の東側、利尻島と北海道本土に挟まれた利尻水道を進む。島を左にみる頃になると、高い山の影響なのか、風が北に変わってジブセールが使えなくなった。北端にある港、鴛泊《おしどまり》に入港したのは一六時四五分だった。

鴛泊港は船も少なく静かな良い港だった。上陸すると、二人は真っ先に灯台山に向かった。港の西側で港を守っているような標高九三mの小さな岩峰が灯台山で、最北の地にふさわしく山は岩と草に覆われて高い木は生えていない。

山に登ると目の前に礼文島《れぶんとう》が長く横たわり、北東の果てには稚内《わっかない》あたりらしい本土の岬も低く見える。鴛泊は旅館やお店も多く、観光客で大にぎわいだ。

魚はびっくりするほど安いけれど、野菜などはずいぶん高く、お風呂も離島値段なのだろうか入浴三六円、洗髪二〇円もした。この年は六月末にも利尻山の中腹まで雪が降って、長いこと寒かったとお店のおばあさんが教えてくれた。

松前から始まった北海道の西海岸沿いの旅を通して、〈アストロ〉は一度もヤマセに遭わずに済んだ。というか、うまく港でやり過ごした。そして、早めに夏の安定した気圧配置になったようだ。荒れる海にたたかれずにここまで来ることができたのは、本当に幸運だった。

最北の町、稚内

道東の旅が、来る日も来る日も濃霧の中を走り続けなければならない不安だとすれば、日本海側は、急峻な山と岬周りの難所が次々に待ちかまえる、急変する海況の厳しさだろう。稚内の入口を守る野寒布《のしやっぷ》岬には堂々とした背の高い灯台が聳《そび》え、赤と白の縞模様で装われて、この岬が最果ての港を守っていることを重々しく告げている。今日は穏やかな海だけれど、それでもなにか不安を掻き立てる厳しさが迫ってきた。

岬を大きく迂回して針路を南にむけ、稚内港に近づくと巡視船〈はるさめ〉が港から迎えにでてきて、スピーカーから「〈アストロ〉号遠路ご苦労さま」と呼びかけてくれた。船上にはテレビカメラが据えられて、〈アストロ〉が入港する様子を撮り続けた。

港から稚内駅へは徒歩一〇分足らず、駅前の市場は迷路のような通路を張り巡らせて賑わっている。留萌を離れて以来、離島の旅は野菜不足の旅でもあったから、真佐子は野菜がとても安いので小躍りして喜んだ。奮発して毛ガニ一匹一五〇〇円も買った。

翌日は朝から壱雄は散髪に、真佐子は美容院にカットに行きさっぱりした。稚内駅は鉄路の日本最北端だが、ここも若者たちで終日にぎわっている。真佐子はこの人混みがなつかしくて駅まで散歩がてら歩き、駅で牛乳を飲むのも楽しい。

この頃、稚内が一番華やいだ時代だったかもしれない。札幌を夜九時頃発つ急行〈利尻〉は満員の客で床に新聞紙を敷いて寝る人たちでごった返していたし、一両を半分ずつ分ける二等寝台と三等寝台車も連結されていた。

八月五日、四時半起床。曇り空だが黙々と出港の支度をして五時三〇分に稚内港をあとにした。日が昇ると薄雲が消えて青空にかわり、今日も南西風に乗って〈アストロ〉は心地よく走っている。

《七時四五分、宗谷岬通過する》

真佐子はこれだけを日記に記した。日本最北端とも書かず、とくに感慨も感じなかった。ここもひとつの通過点、それだけだとでも言うかのようにあっさり通過していった。

〈アストロ〉を見物にきた人が「枝幸《えさし》に行くのなら、放っておいても流れていくから」と話していたが、なるほど宗谷岬を回ってからは六ノット近いスピードになってどんどん先に進んだ。

この日を締めくくって、

《それにしてもなんと美しいオホーツク海、いろいろ想像し、最果ての暗い海を想い描いてい

たのに、その色は淡いグリーンをおびたブルー。そして、陸には人家の少ない、なだらかな丘が続く》

すっかりくつろいで、景色を眺めるオホーツクの旅が始まった。枝幸入港を一八時と見込んでいたのに、一四時三〇分に着いてしまった。

〈アストロ〉の献立

紋別《もんべつ》での夕食はハムエッグ、もやし炒め、トマト、それにご飯と汁だった。網走では、紋別でもらったカレイをその日の航海中、デッキの手すりにぶら下げて軽く日干しにしたので、それを焼いてご馳走メニューになった。

〈アストロ〉の食事はいつも質素である。

前年の沖縄往復では、お金の話がたびたび日記に登場したが、北海道の旅ではお金に窮した話はでてこない。一日の旅行費を油代も込みでまとめて千円と決めていたが、これで何もかもというのは至難だ。いきおい食事にしわ寄せが集まった。

やりくりに頭を痛めている真佐子の耳に、今日も岸壁で交わされる話が届いてくる。大阪からヨットで気ままに旅行している夫婦だそうだ、夢のようなご身分の金持ちらしいと噂しあっている。もう慣れっこになったとはいえ、こういう噂に平気でいられる図太い神経というか、居直り気分を持ち合わさない二人である。見物の人が無遠慮にヨットの中に入ってくると、引き揚げてくれるまで質素な食事を見られないように食べずに待った。

壱雄はおよそ食事に注文をつけることがない人で、だされた食事を黙々と残さず不平も言わず毎日食べた。それで助かったともいえるが、まずいともおいしいとも言わない夫は、張り合いのない相手でもある。

小さな台所にプロパンコンロがひとつ、冷蔵庫などないから食材の買い置きもしない。氷を買い求めて冷たい物を飲むこともきっぱり断っていた。真佐子は、港に入ると食材を求めて探し回る日々である。にぎやかなお店や飲食店が揃った港もあるが、辺地では一軒の店すらない港だって少なくない。

海霧の季節

宇登呂の潜水夫

八月一〇日、凪のない静かな海を網走から知床半島の付け根にある宇登呂《うとろ》へ、三二マイルをのんびり機走で走っていた。漁船が一隻追い越していったと思うと、Uターンしてもどってきて手招きしている。なんだろうと近づくと、フェンダー（防舷材）を船縁から下ろしながら、

「まあ、すこし話していかんか」

呼びかけてピタリと真横につけると、三人のたくましい漁師がどやどや乗り込んできた。そして、キャビンを覗き込んで、

「ヒャーッ」と歓声をあげた。

見たこともない変な船がみえたので、なんと二時間も追いかけてきたそうだ。三人であれは

化け物じゃないか、近づかない方がいいと尻込みする男もいたが、恐る恐る少しずつ近づいてきたという。

しばらく話してから、今日はとてもいいものが見られたと大喜びで去っていった。

雲に隠れていた知床半島が、昼頃姿を現した。逆光を浴びて北に向かって黒々と半島が伸びている。

宇登呂の港は、入り口に三角錐の大きな岩が待ち受け、その後にオンコ岩が聳《そび》えて秘境の入り口らしい雰囲気が迫ってきた。港の後は鬱蒼《うっそう》とした原生林がどこまでも連なり、その木立の中に赤いトタン屋根の家が見え隠れしている。

夕日が海に沈み、港外の岩が黒々と夜の帳《とばり》に溶け込んでも、西の海にはまだ赤みが残って、やがて紫の刷毛をすうっとひいてから闇に沈んでいった。そして、知床の夜空に満天の星がきらめき始めた。夕食は、なすの油炒め、餅いり味噌汁、トマトである。

翌朝は濃霧がたれ込めたので出港を諦めたのに、七時を回ると霧は山の斜面を昇り始め、この日も快晴になってしまった。もったいないけれど、知床半島を迂回して羅臼《らうす》まで、途中に港がない長い航程なのでもう出港するには遅すぎる。

港の作業船〈もこと丸〉が港内をせわしげに往き来していたが、〈アストロ〉のアンカーロープを引っかけてしまった。〈アストロ〉は思いっきり引きずられて、クリート〈アンカーロープの留め金具）がもぎ取られた。そして、どんなにしてもアンカーが動かない。引きずられてアンカーが何かに食い込んでしまったらしい。

〈もこと丸〉の船長が潜水夫がいると言ってくれたが、いくらお金を取られるか見当もつかず二人は沈んでしまった。しばらく考えてから、仕方なくその潜水夫を訪ねた。

たくましい、ちょっとヤクザ風に見える人が「ちょうど今日は暇だから、いまから行ってみるか」と気軽に言ってくれた。けれど、先にお金のことを確かめておかないと心配なので、おそるおそる尋ねると「千円もらっとこうか」

予想外の安さに、二人は思わず嬉しそうな顔をして「お願いします」、ペコリと頭をさげた。

「本当ならそんなことでは済まないよ」

彼は魂胆を見抜いたのだろう、不機嫌な顔で二人を交互に見返してから、「でも、遠くからきてるんだから」とぼそりと自分に言い聞かせるようにつぶやいた。真佐子と壱雄は、今度は心底からお礼を言って頭を下げた。

「ちょっと待て」

潜水夫が取れたてのコンブを持ってきて、切れっ端をたべさせてくれた。とてもおいしい。

「そうか、おいしいか」といって壱雄に、

「岸壁に干しているコンブを二枚取ってこい」と指図する。

壱雄がとことこコンブを取りに行くと、「見つかったら、おじさんが怒られるんだぞ」と大声で追い打ちした。壱雄はギクッとして立ち止まり、手に持ったコンブをそのまま持ってきて良いものか、元の場所に並べ直そうか戸惑ってしまった。すると、潜水夫の相棒の人がゲラゲラ笑いながら、

「大丈夫、大丈夫、そこのコンブは全部この人（潜水夫）のものなんだよ」

一体どんな人なのか見当もつかず不安で仕方なかったが、真佐子も、やっと潜水夫がとても気立てのやさしい男だとわかってきた。

次には「魚をもっているか？」と聞いてから一夜干しにしているカレイ四枚も渡してくれた。

潜水の準備がやっと始まった。そして潜水が大変な仕事だとわかった。毛糸で編んだ大きな股引を二枚、登山用の厚手の靴下も二枚、それに厚手のセーターも二枚着込んだ。それから大きなゴムの袋のような潜水服を相棒に着せてもらう。足にすごく重い大きな靴を履き、銅兜《どうかぶと》を被せてもらってから、太い蝶ネジでしっかり固定し、アンカーロープを伝って海の中に消えていった。七～八分して無事にアンカーは引き揚げられてきた。岩の間に食い込んでいたそうだ。

その夕べ、いただいたカレイを焼きながら、真佐子はしみじみと人の温かさをかみしめた。

作業船にアンカーを引っかけられたときは、なんてことをと不安な気持ちでいっぱいになったが、ひとつの小さなトラブルのおかげで、こうして辺境の港で働くおおらかで、温かい人の

真情に触れることができたのだ。通りすがりに見ただけではけっしてわかることなどできない人のやさしさが、無骨な風貌の内側からもう一度伝わってきた。

初めて、知床をヨットが走る

八月一二日も快晴、〈アストロ〉は知床半島に沿って、快く走っている。知床の海岸線は奇岩が並び、急峻な崖がはるか空に向かって聳えている。そして、崖の襞からは見事な滝が惜しげもなく清冽な流れを海に投げ入れていく。道もなく、家一軒もない、本当の未開の地はもう日本ではここにしかないだろう。太古からの自然の姿がどこまでも続く。

知床遊覧船に乗っているような、気楽で静かな航海だった。知床岬まで潮に乗って三時間半で着いた。

知床には〝ルサのダシ風〟という凶暴な嵐がある。

知床半島は知床山脈と呼びたいほどの急峻な高山の連なりで構成され、主峰の羅臼《らうす》岳が海抜一六六〇m、硫黄山一五六二m、知床岳一二五四mなど高山が続き、山頂から海岸まで地図上ならわずか数キロの隔たりしかない。

ダシ風は山から吹き下ろすヤマセの一種だが、オホーツク海から知床の山にぶつかる風が、峰と峰を分けるV字型の鞍部を走り抜けるとき、猛烈な強風になって根室海峡に嵐をたたきつける。無風が続いた後、突然それが始まるので漁師はダシ風をもっとも恐れているそうだ。

幸い今日は知床岬でも波が騒ぐこともなく、あっけないほど簡単に知床半島を西から東へ、〈アストロ〉は越えることができた。知床岬をみつめながら真佐子は記した。

《ヨットの一番乗りをしている》

いま知床の海を初めてヨットが走っている。自分たちの航海が初記録かどうかに固執しなかったが、宗谷岬を回り、オホーツク海を進むにつれて、いつしか、二人は〝初のヨット航海〟を意識するようになった。

枝幸、紋別、網走、宇登呂、どの港でも人びとはヨットを見るのは初めてだと言い、漁船の人も海上保安部もヨットがやってきたのは初めてだと口ぐちに話した。それでいつしか、自分たちが宗谷岬を回った最初のヨットなのかと自覚するようになったのである。

根室海峡に入った途端に、向かい風が六〜七m／秒で吹きつけてきた。潮も逆潮になり、がくんとスピードが落ちたため、岬から羅臼港までは五時間半もかかった。

快晴の根室海峡

夜のあいだ閉めきっていたハッチを開けると、キャビン内にこもった重い空気が少しずつ追い出され、さわさわと南西の風が涼しさを運んできた。八月一四日六時四〇分、羅臼港を離れて根室に向かう。

左手には国後島《くなしりとう》が横たわり、朝の逆光線を受けて青く沈んでいるが船の影もなく、島に人家も見えず、不気味に静まりかえっている。島と知床半島との中間線を越えるとソ連の警備艇に拿捕《だほ》されるとのことで、緊張しながら知床半島寄りを進んだ。

根室海峡で一番狭い野付《のつけ》半島と国後島の間はわずか一七kmしかなくて、漁船で飛ばせばものの三〇～四〇分ほどで異国の海岸に到達できるぐらいだ。

羅臼から野付半島にかけての根室海峡、そして根室半島と歯舞《はぼまい》諸島の間の珸瑶瑁水道《ごようまいすいどう》、このふたつの狭い海では毎年、漁船がソ連に拿捕される事件が続いていた。

しかも、この海は夏の間深い霧に閉ざされることが多く、越境するつもりがなくても、霧の中でソ連寄りに流されて拿捕される例もあるという。

さざ波が船体にあたる軽快な波音を耳にしながらフルセールで進み、やがて前方やや左手遠くに根室の町がキラキラ輝いているのが見えてきた。国境の風景を眺めながら〈アストロ〉が霧のない海を悠然と進んでいく。南西の風に乗って、かすかに堆肥の臭いも漂う。根室半島の付け根にあたる標津《しべつ》地方は現在も北海道で有数の酪農地帯である。

抑留漁船員が帰還

〈アストロ〉は、根室漁港の東側にある巡視船用の場所にまっすぐ入って槍着けした。ちょうど一六時だった。根室港は大型の漁船がびっしり並び、巡視船用の場所だけが、〈アストロ〉を待つためのようにあけられていた。

上陸すると、壱雄はすぐ三年前に函館で会った〈北進丸〉船主の飯沢謙治に電話を入れた。本州一周航海のとき函館で、漁船のブレーキ（逆進）が効かず追突されて、ミズン・マスト（後部マスト）を折られる事故にあったが、そのとき、わざわざ船主の飯沢が根室から駆けつけて丁寧に詫びて修理を約束してくれた。以来、二人は折に触れて手紙のやりとりを続けてきた。

事故がとりもつ不思議な縁で、根室にやってきた〈アストロ〉を飯沢は一家をあげて歓待した。寄港する先々で親切な人の好意に甘え、人との出会いが数々の思い出になったけれど、根室に入ったこの日の夕べほど心からうちとけて楽しく語りあって過ごせた時はなかった。

　根室の町は、港から緩やかな傾斜地を広い通りがまっすぐ登り、丘の一番高みに根室本線の終着駅、根室駅がどっしり構えている。町の中心は丘から港までゆったりした北側斜面に広がる。そして、丘を越えて南側に下っていくと太平洋が見え始め、下りきった段丘下に花咲《はなさき》港がある。オホーツク海に面した根室港と太平洋側の花咲港、ほんの数キロしか離れていないふたつの大きな漁港を抱える町である。

　八月一七日は朝から濃い霧が港に漂い、港のすぐ外にある弁天島も見えない。初めてほんとうの濃霧がやってきたので出港を取りやめたが、夕刻になると人が集まり始め、いつの間にか岸壁は人で埋め尽くされた。

　今日、ソ連に拿捕されて抑留されていた漁船員たちが、迎えにいった巡視船〈ゆうばり〉で帰ってくるのだ。

　一八時、〈ゆうばり〉がゆっくり近づいてきて、〈アストロ〉の隣に艫着けし歩み板が渡された。待ちかまえていた医師と看護師が乗船、続いて検疫の人も乗り込む。ようやく抑留された漁船員の下船が始まった。

　大きな荷物を担いで降りてくる人、ほんの風呂敷包みひとつでさっさと上陸する人、たくましく日焼けした海の男たちは表情も思いのほか明るい。

迎えの家族に囲まれて、すぐ連れられていく人があれば、荷物を受け取ってくれる人もなく、一人で岸壁から去っていく人も中にはいる。遠くから出稼ぎにきている人だったのだろうか。いっときの、ざわめきが遠ざかると、巡視船の歩み板の上にぶら下げられた裸電球がひとつだけ灯されて、寒々と残っていた。真佐子は夜、歯痛のためになかなか寝つけなかった。

濃霧の中、座礁

濃霧が続く三日目、八月一九日も濃く暗い霧の朝だ。出港を諦めてのんびりしていると九時を過ぎて霧が舞い上がり、あっという間に上空に青空がひろがった。

隣にいる巡視船〈ゆうばり〉が羅臼に向けて出港したので、〈アストロ〉もあわてて準備をして九時半に出港した。

さあ、チャンスだ。いよいよ納沙布岬《のさっぷみさき》を越えて太平洋にでる日がきた。

右に根室半島を見ながら東に進む。やがて日本の最東端、納沙布岬も見え始めた。海は穏やかだが漁船の姿は見えない。一一時四五分、ソ連の島の方向に嫌な感じの雲が湧いたと思うと、あっという間に納沙布灯台を霧が飲み込み、陸が見えなくなった。そして、〈アストロ〉も厚ぼったい霧に閉じこめられてしまった。

納沙布で霧にまかれることだけを心配していたのに、いまその霧が灯台を隠してしまった。なんとか晴れて欲しいと願いながら、しずしずと〈アストロ〉は進んでいく。

霧がさらに濃くなったように感じたとき、納沙布灯台の霧笛がボワーッ、ボワーッと鳴り始めた。低く、太く、その音がしだいに近づいてくる。周囲がなにも見えない中、この音だけが頼りだが、なんともの悲しく、なんと不安をかき立てる音だろうか。

壱雄は霧笛の方向を全身を耳にして聴き、コンパスをにらんだ。そして時計を確かめて進んだはずの距離を計算し、いま進んでいる推定位置を頭に描いた。黙々と、繰り返し、繰り返し計算している様子で、真佐子も目を凝らして周囲を見続ける。

左に行きすぎるとソ連との境界を越えてしまうぞと、霧笛が「注意しろ」と叫び続けているように思われ、「がんばれ」と呼びかけているようにも感じられた。この音が聞こえている間は大丈夫だ、二人の気持ちを裏打ちしてくれるように、霧笛は真横でひときわ大きく鳴り響いている。やがて、音が少しずつ後ろに移り始めた。

霧が濃くなってからはセールを下ろし、エンジンだけで慎重に進んでいるが、すっと霧笛が聞こえなくなってしまった。そして音がなくなると不安に押しつぶされそうになった。納沙布の霧笛には指向性があり、船が北から近づいて灯台前を通過した後、フッと音が消えればソ連との最狭水域が終わった合図にもなっていたらしい。それを教えられていなかったために不安になってしまった。

心細さに、先に負けてしまったのは真佐子だった。霧が少し薄くなるまで霧笛が聞こえる場所で待とうと言いだし、壱雄はいつものようにすぐそれに反応して舵を右に切って、速度をさらに落とした。

目の前に岬のような陸がふっと浮かんだ、と思った瞬間、不気味なショックを感じて〈アストロ〉は止まってしまった。近くに小さな漁船がいるのにも気づいた。下をのぞくと、海面すぐ下に岩がごつごつ見えている。座礁してしまった。

太平洋の低いうねりが〈アストロ〉を持ち上げ、次には岩に押しつけて、ギシギシと船体が悲鳴をあげる。大きく傾き、波に乗るたびにビリビリ震える。それでいてボートフックで押しても〈アストロ〉はびくともしない。

真佐子が大声で助けを求めた。何度も叫んでいると、船外機をつけた昆布採りの漁船二隻が寄ってきてロープを投げてくれ、引っ張ってくれたが駄目だった。〈アストロ〉が右に左に、大きく傾《かし》ぎ、真佐子は怖くて漁船に乗り移って逃げ出してしまった。

この日の潮の干満を調べてみると、干潮が午前九時、座礁した正午過ぎころは満ち潮の途中で満潮が午後四時で正午よりも六〇cmほど潮位が高くなるから、のんびり待っていても船は浮き上がっただろうけれど、気が動転して壱雄も潮位を調べることに気づかなかった様子だ。

今度は、もう少し大きな漁船がやってきて、引っ張ると〈アストロ〉はズルッと岩から離れることができた。幸い損傷は深くない様子だったので、漁船の人に針路をよく教えてもらってから、再び霧の中に乗り出した。

まだ、暗礁の多い地帯なので、南西に向けて陸からしっかり離してからセールをあげた。近くに昆布採り漁船の港、珸瑶瑁《ごようまい》港もあったが、壱雄はそこに逃げ込むことなど考えずコンパスをにらんで霧の海に戻っていった。

午後二時半を回ったころ、漁船が前方からやってくるのが見えた。そして次から次に、延々と漁船の列が続く。花咲港から出漁するサンマ漁船の大群だった。その数二〇〇隻を超える見事な行進だ。漁船群の航跡をたどるように走ると花咲港に着くことができた。

この先もまだ安心はできないが、最難関の珸瑶瑁水道をともかく通過できた。午後遅くなって薄れた霧は、夜になるとまた厚くたれ込めて港の街灯がにぶく光り、鳴り続ける花咲灯台の霧笛を耳にしながら眠りについた。

特別待遇

花咲で一日、濃霧待機で過ごしただけで、八月二一日は快晴になってくれ、花咲港から沖合のユルリ島も落石岬《おちいしみさき》もくっきり見え、安心して出港できた。霧多布《きりたっぷ》で一泊してから釧路に向かったが、その朝も霧がでなかった。八月も下旬になり霧の季節が終わったのかもしれないが、根室半島の一日だけで霧から解放されたのは本当に幸運だった。

北海道を回るうちに、いつしか〈アストロ〉は漁港に入っても、係船場所を探してうろうろしなくなった。というよりも漁船溜まりに近づかなくなっていた。

釧路でも、釧路川左岸にある釧路で一番古くて静かな船溜まりにさっさと入り、巡視船の岸壁に舫いをとった。巡視船の案内をうけて、〈アストロ〉用に用意してくれる場所に槍着けでき、ときには巡視船桟橋に横着けすることもできた。そこは漁師たちが押しかけたりしないから、静かに過ごせた。

そのかわり、土地の人たちと分け隔てなく話す機会が減ってしまった。真佐子の日記から港の人との交歓の思い出が途切れてしまったのがなによりの証拠だ。オホーツク海を抜け、霧の海を乗り越えて進む〈アストロ〉を、港の人たちは特別の船だと遠慮がちに眺めていたかもしれない。

壱雄と真佐子は、NHKローカル・ニュースにたびたび登場したから、関心のある人なら〈アストロ〉がいまどのあたりを航海しているか見当がついたに違いないが、そんななかで、着々と航跡を伸ばす〈アストロ〉をじっと見つめている男がいた。

北海道ヨット協会会長の富田恭である。富田は函館の大きな病院長で、三年前に〈アストロ〉が函館にきたときも歓迎してくれた。富田は函館海上保安部に電話を入れては、〈アストロ〉の現在地を尋ねて航海の様子を確かめていたのだろう。〈アストロ〉が襟裳岬《えりもみさき》を無事に越えたら、函館で迎える準備をしなければと密かに思いを巡らせていた。〈アストロ〉を見つめる富田の眼が、やがて大きな意味を持つことになる。

明日は函館

羅臼から襟裳岬を越えて日高まで、霧の海域で濃霧に巻かれて難渋したのは結局納沙布岬の一日だけ、あとは一度も霧に巻かれずにすんだ。

穏やかな襟裳岬は、沖合一・五kmまで伸びている岬の岩礁群もよく見えたので、大きく迂回して通過した。道東を離れ浦河《うらかわ》、三石《みついし》、苫小牧《とまこまい》、室蘭《むろらん》へと進む。

九月一一日、雨がぱらぱら落ちてくる空模様の下、はるか前方に恵山《えさん》が小さく尖って立っている。

雨の降る日が増えてきたように感じるのは、本州に近い道南が秋雨前線の季節になったからだろう。恵山の懐に守られている椴法華《とどほっけ》港へ、入り口をふさぐ定置網を大きく迂回してから入港した。その日の夕食には、大皿にクラゲ、ワケギ、玉子、トマトなどを前菜風にあしらい、ホッケの燻製をソテーしてあわせた。そして、ミョウガの清汁《すまし》に豆腐も浮かせた。

明日、函館に行くことができれば、事実上北海道の旅が完成する。真佐子はその前夜を祝う気持ちをこめて夕食を用意した。壱雄もこれまでのできごとに思いを馳せてくれているだろうか。彩り鮮やかに盛りつけた夕食をとりながらそっと壱雄をうかがうと、いつも通りに壱雄は黙々と食べ、言葉をかわすこともなく箸を置いた。

旅の終わり

北海道一周を達成

船室の屋根をたたく雨音で目が覚めた。防波堤に打ちつける波音もドドーン、ドドーンと響いて、波も高くなっている様子が伝わってくる。

九月一三日、津軽海峡を潮に逆らって函館に行く。しかし、波音を聞いているうちに前夜の意気込みが萎えてしまった。今日は様子をみようか、つぶやいてもう一度寝なおした。

とはいえ、椴法華の港は大混雑でうかうか寝てなどいられない。津軽海峡の東海域はいまイカ釣り漁が最盛期を迎えており、周辺の各港に全国を渡り歩いてきたイカ釣り漁船が一〇〇隻とも二〇〇隻とも知れず集結している。椴法華は、漁場に一番近い条件のよい港だから、それこそ立錐の余地がないほど漁船でギュウギュウ詰めだ。

イカ釣り漁船は、午後遅く一斉に出漁し、夜どおし操業して夜明け前に帰ってくる。〈アストロ〉は巡視艇〈あかし〉の隣に係留して守られているが、そんなことはお構いなしに、漁船はひと揺れするたびに〈アストロ〉をぐいと押しやり、ほんのわずかな隙間があくとそこに新しい一隻が割り込もうとするから、〈アストロ〉は舷側が高い両側の船、巡視艇と漁船に挟まれて悲鳴をあげ続けた。

夜の雨がしとしと降り続き、少し明るくなり始めた空を見上げてまた思案が始まった。朝一番のラジオ天気予報が、渡島《おしま》地方に大雨注意報といっているのが気がかりだが、明日は時化模様になってもっと悪化するという。このまま、ギュウギュウ詰めの港にあと数日滞在するのはご勘弁だと思って、出港することにした。

八時、巡視艇〈あかし〉が離岸し、次いで〈アストロ〉も離れた。〈あかし〉が津軽海峡の汐首岬《しおくびみさき》まで伴走してくれるという。

恵山岬を回るとうねりもおさまった。風は北西から吹いたり、北東に揺れたりしていっときも安定しないが、フルセールで風を受けて元気よく走った。恐れた汐首岬に波はなく、なんなく通過することができた。

それを確かめてから、〈あかし〉は舳先をめぐらして戻っていった。声は届かないが、離れていく〈あかし〉に感謝の気持ちを精一杯こめて手を振った。伴走とはいえ、〈アストロ〉の速度に合わせてみると巡視艇乗組みの人たちは、しまったと思ったのではなかろうか。逆潮に向かう〈アストロ〉は全速の機帆走でがんばっても、三ノットもでなかっただろう。それは〈あかし〉が「着岸用意」の号令で桟橋に近づいたときの微速と同じなのだから。

ゆっくりゆっくり、しかし、セールをギリギリ絞り上げて大きく掲げ、向かい風に向かって毅然として進むヨットの姿を目の当たりにして、巡視艇のブリッジでは、〈アストロ〉の北海道一周がどれほど多くの困難に立ち向かってきたかを、しみじみと理解したに違いない。

函館山の上におどろおどろしい黒雲が湧いている。海峡にも一面の暗雲が重苦しくたれこめ、下北半島は鉛色の雲ともっと暗い海面とのわずかな隙間に灰色の帯になってのぞいたり、たれこめる雲のベールに隠されたりを繰り返した。いつしか雨はやんでいた。

一九六七（昭和四二）年九月一三日一四時四五分、〈アストロ〉は函館に入港し、北海道一周をやり遂げた。

祝賀会

三年前にも留めさせてもらった日露漁業岸壁に舫いをとった。四方からロープをとって固定できる静かな特等席だ。

入港を待っていた北海道新聞の取材が終わるのを待って、二人は郵便局にかけつけたが、大阪からの手紙は届いていなかった。夕食には、椴法華でもらったイカの生干しを焼き、いっしょにもらったキュウリの漬け物もおいしかった。訪れる人もなく静かな函館の夜である。

真佐子は、手紙が届いていないのが腑に落ちなくて、翌一四日朝、もう一度郵便局に出向いたところ、やはり手紙はとっくに届いていた。手紙こそ一番のプレゼントだ。

手紙の束を抱えて、十字街の角にある丸井今井デパートの食堂でお祝いの昼食をとってから、ゆっくり手紙を読みふけった。

これで北海道一周祝いの予定が滞りなく終わったと思ったら、午後遅くなって若い人が訪ねてきて、一八時からヨット協会会長と協会幹部の人たちが食事を用意しているという誘いだった。

十字街そばの五島軒本店の個室に、北海道ヨット協会幹部の人たち六〜七名が待っていて、壱雄と真佐子はその末席に着席した。二人に誰も声をかけるでもなく、少し重苦しい雰囲気の中、会長の富田恭が着くのを待った。

やがて現れた富田が首座に着いて挨拶し、〝証認状〟を読み上げて壱雄と真佐子の業績を称えた。

それから会食が始まり、函館随一といわれた高級レストランのコース料理を黙々と食べた。誰一人言葉を発する者もなく、さすがに気詰まりに思ったのか富田が気遣って、壱雄に北海道のヨット事情などを尋ねたりした。そして、会の終わりに壱雄がお礼の挨拶をして散会した。不思議な集まりだった。

立派な料理だったがあまり楽しい印象はなかった。お祝いといいながら参会者の誰も〈アストロ〉の二人に話しかけず、主賓を末席に座らせている。しかし、富田がわざわざ北海道一周の〈証認状〉（認証状の間違いか?）まで用意してくれたのだから、おざなりなはずはない。

多忙な富田が証認状、レストランの手配などを指示して用意させたがヨット協会の幹部、といってもみんな三〇代の人たちで、彼らは〈アストロ〉の一周航海にどうやら関心がなかった。そのために、富田に指示されるままに会食に集まり、高級料理を前に緊張して黙って会食したらしい。会食の様子も翌一五日の北海道新聞に載った。

〈アストロ〉が初記録だった

〈アストロ〉が函館入港した翌朝、九月一四日付北海道新聞に《本道一周、第一号》の見出しが躍った。

さらに九月一五日も記事が載って〈証認状〉が授与されたとあり、記者が海上保安部とヨット協会長富田の両方から取材したとわかる。〈アストロ〉以前にヨットが北海道を回っていないことは、海上保安部にもヨット協会にも自明のことだったのかもしれない。

一九六〇年代までに北海道にあった外洋ヨットは、小樽・祝津《しゅくつ》のあまり活動しなかった一隻だけである。こんな環境だから、本州からヨットが渡ってきて一周をめざせば、マス・メディ

的形に帰ってきた〈アストロ〉。役目を終えたヨットは、再び海に連れ出されることはなかった

アにも海上保安部にも情報はすぐ把握されるから、宗谷岬を越えてヨットが走るのは〈アストロ〉が初めてだと、関係者は当然視した。

五島軒で会食があったこと、そして、その様子が新聞に残されたことによって、〈アストロ〉の北海道周航が記録されたわけで、この会食が初記録の証拠になった。それは同時にヨットによる日本一周初記録の達成でもあった（187ページの「証認状」参照）。

壱雄は、この証認状をなによりも貴重な宝物として立派な額に収めて保管した。

富田から口頭で指示を受け会食や賞状の手配をしたのは、富田の腹心で次の会長になる上河《かみかわ》睦美《むつみ》だったと思われるが、二〇〇八年上河に会って確かめたところ、二人を函館山に案内したことも、五島軒での会食も記憶に残っていなかった。


九月も半ばを過ぎると、急に寒さを感じるようになった。真佐子は冬に備えてせっせとセーターの編み物に精をだしている。北海道では、一日、一日ごとに秋が駆け足で逃げていくのに驚かされる。ほんの一〇日ほど前、やっと秋らしい風を感じたと思ったばかりなのに、もう冬の寒さを恐れている。

北海道から帰りの旅もまだ長い。

白神岬《しらかみみさき》手前の福島で低気圧の嵐をやり過ごしてから九月二六日、北海道に別れを告げた。

北風を受けてメインセール、ジブセールそしてミズンセール、三枚のセールを高々と掲げて〈アストロ〉は津軽海峡を渡っていく。

「北にさようなら、東にさようなら、そして西にもさようなら」

薄まっていく景色の向こうから浮かびあがってくる北海道で出会った人たち、一人ひとりに真佐子は呼びかけた。

壱雄はコクピットベンチの定位置にどっかと腰掛け、いつものように前を見つめ、北海道を振り返ったりはしない。

一周が終わった、夫の夢がかなった、そういう達成感が真佐子には湧いてこなかった。それよりも、終わってしまったことへの無力感ばかりが忍び寄ってくる。

淡い期待ではあったけれど、壱雄が大きな夢をかなえて心の満足を得てくれたらどんなにすばらしいだろうと待っていた。「やったぞお」、津軽海峡に向かって大声で叫んでくれたら、心の鬱屈もいっしょに飛び散ってくれるのではないかと祈ってもみた。しかし、壱雄はいつものように舵棒を握りしめて、表情を変えず走り続けていた。

海峡を渡り津軽半島の西側にでると、行く手に津軽の岩木山が長く美しく山裾を引いて姿を現した。

二人のヨット

真佐子が病院に戻らなければならない期限の一〇月末が一日、一日と近づいてくる。ヨットで的形に帰れるなどもう無理だから、若狭湾の敦賀にヨットを陸揚げして、翌春まで預けることにした。

一〇月一七日金沢の大野港に着くと、そこに一年前に沖縄から姫路まで、〈アストロ〉に同乗した沖縄の琉球大生、東江正喜と奥浜隆が現れて驚かされた。東江と奥浜はあれから一年、学業そっちのけでアルバイトに精出して七〇万円も貯めて、小型の中古ヨットを買うために大阪にやってきた。そして、壱雄と真佐子に会いたくて寄港予定の大野に飛んできたのだ。

一〇月二〇日、琉球大生二人も同乗して、四人で敦賀に入港すると、こんどは若いけれどヨット巧者の牛島龍介が待っているではないか。的形の奥村力から難航している〈アストロ〉のことを聞いて、牛島も駆けつけてくれたという。牛島龍介は二年後に二四フィートの〈サナトス〉号で史上初の単独太平洋往復航海（航海記は『貿易風の旅人』舵社）をやってのけ、さらに〈銀狐〉号で単独世界一周（航海記は『水平線の少年―ヨット銀狐号世界一周帆走記』旺文社文庫）を達成してしまう若者だ。

これ以上望めない頼りになる若者三人が揃ったのをみて、思ってもみなかった解決案が真佐子の脳裏にピカッとひらめいた。三人に同乗してもらってこのまま的形まで航海できれば、真佐子は何ひとつ心配しないで大阪に帰ることができる、と。あっという間に話が決まり、真佐子が有頂天で妙案を伝えると、いつものように「そうか」とうなずき、壱雄はそれ以上何も言わなかった。

若い三人が手際よく手分けして出港準備も終え、真佐子は翌朝の出港を見送ってから列車で大阪に発つと決まった。ひさびさに顔を揃えた五人が談笑していた夜、もの静かに若者たちの話に耳を傾けていた壱雄が、突然、話を遮った。

「ちょっと待ってくれ……」

四人はあれっという表情を見交わせて、壱雄に視線を向けた。壱雄はすこしうつむいたまま、まだなにか考えているような表情で間をおいてから、やっと話し始めた。

「〈アストロ〉はここに陸揚げして置いて帰ることにしたい。〈アストロ〉は真佐子と二人のヨットなんだ。真佐子が乗らない〈アストロ〉には、だからわたしも乗らない」

「……」

あっけにとられて四人は、誰も口を開くことができなかった。

「いまになってなに言うの……」

真佐子は、口にでそうになった言葉をやっとの思いで飲み込んで、壱雄をじっとみつめた。

若者三人は、壱雄の言葉がもつ重さを知るわけがないから、すっかり白けた顔で黙り込んでしまった。

「みんなには申し訳ないけれど、よろしくお願いします」

壱雄がもう一度、しぼりだすようにこれだけを話して、深々と頭を下げた。

壱雄をみつめていると涙がこみあげてきてあふれだした。おさえようとしても、あとからあとから涙がでてきてとまらない。

「夫が、自分から話してくれた。こんな難しい判断を自分の言葉でみんなに話してくれた」

北海道一周を終えても、感激したはずなのに喜びを素直に口にしなかった夫が、いま若者三人に向かって、自分の気持ちをありのまま伝えてくれている。壱雄が心の扉を、ほんの少しだけかもしれないけれど、はっきり開いて見せてくれた。

真佐子は胸がいっぱいになってしまって、すぐには気づかなかったが、壱雄はもっと重い気持ちを伝えたかったに違いない。

三年前の晩秋のことだった。本州一周から帰ってテレビ局に招かれたとき、テレビカメラに向かって、

「（真佐子は）飯炊きと洗濯をやらせるのに便利だから乗せただけですよ、航海は私一人でやりましたから、単独航海と同じようなものです」

言い放ってしまったことを、やはり壱雄は心に抱えた重石として痛みを感じていたのである。壱雄の大失言が沖縄への苦い航海という結果に繋がってしまったことも、苦しい沈黙のなかで反芻《はんすう》し続けていたのだろう。旅の終わり、最後の夜になって若者三人を前に、真佐子にやっとそれを告げることができた。

壱雄は重荷から解かれ安心しきって熟睡していたが、真佐子は気持ちの昂《たか》ぶりがまだおさまらない。なにが夫の心の扉を開いてくれたのだろう、いろいろなことが浮かんでは消えた。そして、それはわからなくていいのだと思った。

夫は心の奥底ではすべて感じ取っているけれど、ただそれを形にすることができないだけなのだと得心できた。これまで夫を信じてきてよかったとしみじみ感じた。

「ほんまにええかっこしいなんだから。みんなの前であんなことを言うなんて」

つぶやいてみると、笑みがこぼれてきた。

翌朝、真佐子は大阪へ立ち、男四人はヨットを陸揚げして冬支度に取りかかった。

〈了〉

あとがき

敦賀で冬を越した〈アストロ〉は、翌一九六八年に的形に回航された。旅が終わると、壱雄は的形に足を向けなくなり、〈アストロ〉は一度も海に引き出されないまま譲渡され、そして消息が消えた。が、十数年後にヨット愛好家によって再び見いだされ、修復されて往時のままの姿で艇名も守って、〈アストロ〉は誕生から半世紀を経た現在も大阪にある。

私が本書をまとめる契機になったのは、〈アストロ〉の日本周航は事実としても、それが初記録であったかどうかは不明だというヨット界の言説に接したからだ。神田真佐子の著書『二人だけのヨット旅行（上下）』（舵社）で、〈アストロ〉の日本周航は克明に記されており、初記録だったかどうかは他の記録にあたればすぐ判明すると思ったのだが、意外にも再調査は難航し〈アストロ〉の初記録を確認するまでに二年余を要した。神田壱雄はすでに他界していると思われたが、真佐子の消息もつかめない。そして日本のヨット団体はヨットの業績を公式記録保存していなかった。雑誌『舵』が創刊から全冊揃っている葉山町立図書館にも通って、昭和三十年代から四十年代の『舵』全冊を繰っても初記録に結びつく記事は見あたらず、手がかりが掴めない日々が続いた。ある時、友人の知らせで真佐子の消息がわかり、ようやく調査取材が進捗することになったのである。

壱雄は一九八七年に他界していたが真佐子は健在で、克明に記した航海日記をはじめ関係資料と記録を整理保存していた。そして日記をもとに面談を重ねる中で、真佐子の時の変遷などなかったかのような記憶の確かさと豊かな感性に驚かされた。そのおかげで、航海記録の再録に留まらず、夫婦によるヨット航海のもつ奥深さをもうひとつのテーマにすることができた。

近年、熟年世代のヨット・クルージングが年ごとに拡がっている。日本沿岸各地を走るヨットが増えるのは嬉しいかぎりだが、一方、ただ列島周航だけに興味が絞られて、日々の航海の態様が平板になっていないだろうか。〈アストロ〉の生き方の中から、航海の原点を見いだしていただければと願っている。本書は、二〇一一年に別タイトルで角川学芸出版から上梓したが、同社がKADOKAWAに吸収され事実上版元がなくなっていた。このたび舵社のご好意で、タイトルも改め再推敲の上、刊行させていただくことができた。編集担当の窪田英弥氏に深謝申し上げたい。また、本書で取り上げた方々はすべて敬称を省かせていただいた。文末になったがご了承を賜りたい。

二〇一六年二月

岡　敬三

岡 敬三（おか・けいぞう）

1943年岡山県倉敷市生まれ。リタイア後はライフワークである海の文化史研究、特に現代まで続く負の文化・鎖国をさまざまな角度から考察している。その傍ら日本各地のヨット巡航を続け、沿岸クルージング普及にも努めている。

日本ペンクラブ会員。

2016年現在、ヨット〈きらきら丸〉（ジャノー・サンオディッセイ34.2）を倉敷市児島・萱刈《かやかり》港に定係し拠点港としている。

著書：『港を回れば日本が見える』（舵社、☆）、『町に音楽を』（東京図書出版、☆）、『遊びの研究』（三一書房）、他。
☆は日本図書館協会選定図書

夫婦で達成した、
初の日本一周航海
ヨット・アストロ物語

2016年3月15日　第1版　第1刷発行

著者　岡 敬三
発行者　大田川茂樹
発行所　株式会社 舵社
〒105-0013 東京都港区浜松町 1-2-17 ストークベル浜松町
TEL.03-3434-5181（代）
印刷　株式会社シナノパブリッシングプレス

ISBN978-4-8072-1140-1